AF263683

90 REFLEXIONES

PARA VIVIR

EXITOSAMENTE

Juan Camilo Vélez

90 Reflexiones para vivir exitosamente

Agradecimientos

Primero quiero agradecer a Dios, quien me ha hecho regalos que me hacen ser quien soy como mi esposa Jenifer, mi hija Valeria, mis padres Obed y Mª Eugenia, mi casa espiritual, El Rey Jesús Madrid (C.C. Vino Nuevo), donde mis pastores, el Apóstol Jesús Losa, y la pastora Mª Jesús Gabarre, me han impartido por años, me han enseñado, me han entrenado, y me han equipado para cumplir mi propósito en la tierra.

A mi esposa le debo un profundo agradecimiento por creer en mí y por hacer posible que nuestro hogar funcione, mientras yo me concentraba en leer, estudiar y escribir este libro. Ella ha arado el camino para que este libro viera la luz más fácilmente.

Por supuesto quiero, y debo, honrar a mis padres, quienes siempre han creído en mí, y por ello me han impulsado, me han retado y me han enseñado a no conformarme y ser disciplinado y productivo. Pero, además, siempre han apoyado todas mis decisiones cuando eran las correctas, y me han exhortado para no tomar las que hubiesen sido incorrectas.

Gracias a mis pastores y mentores por contar conmigo y apoyarme en este proyecto de escribir, y en mi sueño de convertirme en editor.

Por último, gracias a ti por adquirir y leer este libro.

Prólogo

Tengo el honor de escribir sobre una persona muy especial para mí, ya que he visto los comienzos de su vida cristiana, y he sido testigo de su transformación y continuo crecimiento en Cristo.

Así que me es muy fácil, y lo hago con gran seguridad, recomendar leer su segundo libro. Una obra que alguien con peso y testimonio puede compartir con los demás. Juan Camilo Vélez ha sido, y es, un joven que ha tenido un gran encuentro con Dios como Señor, como Padre, Proveedor, Sanador, y en todas sus facetas. Su crecimiento ha sido tan acelerado, que a la verdad ha caminado en la gloria, dando siempre pasos de gigante. Así que tengo la certeza de que cada reflexión que da en este libro, primero él la ha recibido en su corazón y aplicado a su propia vida.

El contenido de esta obra es una variedad de grandes reflexiones para nuestra vida, resumidas de manera que las podamos entender y aplicar a nuestro día a día. Reflexiones que nos servirán para distintas situaciones, y que, si llegamos a memorizar y guardar en nuestro corazón, podremos impartir y enseñar a otros en momentos específicos y necesarios en sus vidas.

Nuestro Apóstol, Jesús Losa, siempre nos ha enseñado que no impartimos lo que decimos, sino lo que somos, de forma que aplicamos la revelación de la Palabra de Dios a nuestras vidas, y cuando la vivimos, la podemos impartir a otros para que también sean realidades que transforman las suyas.

Creo firmemente que el éxito no es un fin, como algo que llegará algún día en el lejano futuro, sino que consiste en principios que debemos aprender a vivir cada día, y que nos enseñarán a experimentarlo continuamente, asegurándonos que hacemos lo correcto y que damos lo mejor de nosotros para cumplir nuestro divino propósito aquí en la tierra.

El primer libro de Juan Camilo me sorprendió con un gran contenido, y sé que este no se quedará atrás, porque Dios con su gracia y poder, le da la capacidad de caminar *"de gloria en gloria y de poder en poder"*.

Por lo cual también nosotros, desde el día que lo oímos, no cesamos de orar por vosotros, y de pedir que seáis llenos del conocimiento de su voluntad en toda sabiduría e inteligencia espiritual, para que andéis como es digno del Señor, agradándole en todo, llevando fruto en toda buena obra, y creciendo en el conocimiento de Dios; fortalecidos con todo poder, conforme a la potencia de su gloria, para toda paciencia y longanimidad; **Colosenses 1:9-11**

Sara Gabarre Caro

Pastora del Ministerio Internacional
"El rey Jesús Madrid"

Contenido

16

Palabras del autor

A lo largo de mis años como creyente, la lectura de la biblia se ha convertido en un hábito fundamental para mi crecimiento espiritual y mi madurez emocional, pero también he descubierto que de nada sirve conocer la palabra si no se aplica en la vida.

Quise escribir este libro como un manual práctico para aplicar los secretos que enseña la biblia, de modo que, a través de su lectura, *que te recomiendo hacer al ritmo de una reflexión al día*, puedas saber cómo y cuándo hacerlo. Lo cierto es que, tanto yo, como todas las personas que conozco, anhelamos vivir una vida exitosa, plena y satisfactoria, pero es igual de cierto que este deseo genera mucha ansiedad y frustración a quienes no saben cómo obtener todo eso.

De modo que, analizando esta situación, supe que el problema radica en que muchos viven su vida persiguiendo un éxito externo, es decir, que depende de sus logros potenciales, un nivel económico o social, poder, profesión, una relación amorosa, etc. Sin embargo, la biblia enseña que el éxito fluye desde el interior cuando tenemos paz con Dios, y todo lo demás son resultados de ese éxito, pero no objetivos.

Así que espero que disfrutes de este libro y descubras lo cerca que estás de vivir exitosamente.

Introducción

Bienvenido a este maravilloso viaje de noventa días, en el que espero que consigas descubrir algunos de los pequeños pero valiosísimos tesoros que esconde la palabra de Dios. No puedo negar que he disfrutado tremendamente mientras escribía este libro, con toda la ilusión de ver las vidas de mis lectores transformadas por las revelaciones que estás a punto de leer.

Creo firmemente que la biblia tiene el propósito de enseñarnos a vivir exitosamente, es decir, llevar a cabo el diseño de Dios para nuestras vidas, aplicando los principios que enseña en su palabra. Por eso quise compartir contigo una parte de toda la enseñanza de Dios, para que tu vida sea transformada en áreas de tu carácter, tus finanzas, tu madurez espiritual, tus emociones, tus actitudes, etc.

Si no eres creyente, igualmente te invito a leer este manual para que poco a poco puedas beneficiarte de lo que Dios ha preparado para ti, y vivas de la mejor manera posible, plena y satisfactoriamente, libre de frustraciones, rechazo, ataduras emocionales y las consecuencias de actitudes y hábitos poco saludables.

Dios quiere que vivamos exitosamente. Vamos a aprender a hacerlo desde hoy mismo

¡Comencemos!

1

Pero entendiendo Jesús que iban a venir para apoderarse de él y hacerle rey, volvió a retirarse al monte él solo.
(Juan 6:15)

Identidad y motivaciones

¡Qué importante es saber desde qué posición y con qué motivación hacemos lo que hacemos! Definitivamente Jesús fue un ejemplo en todo, y en este texto podemos ver su altísimo nivel de madurez y conocimiento de su identidad.

Tras haber hecho la "señal" de la multiplicación de los panes y los peces, que afectó positivamente la vida de miles de personas, su identidad y motivación fueron probadas por causa de esta misma multitud.

Cuando la biblia habla de señales, se refiere a una acción que dirige la atención de las personas hacia Dios. Esta era la principal motivación de Jesús, conectada con su propósito: revelar a Dios el padre. Y, por otra parte, vemos que también lo movió la **compasión** por el pueblo hambriento.

Vale, su motivación estaba clara, pero además sería probada su identidad. Por causa de la manifestación del poder de Dios a través de su vida, el pueblo quería hacerlo rey, es decir, darle una asignación que no era la que le correspondía, por lo menos no en ese momento.

Pero Jesús conocía su identidad: *"Ser el cordero de Dios que quita el pecado del mundo"* Y gracias a esto fue movido a apartarse de la influencia de la multitud, y seguir caminando en propósito, y esto fue lo que le guardó de la influencia del emocionalismo de las multitudes, lo cual le hubiera llevado al fracaso más grande de la historia.

Para vivir de manera exitosa, es importante que aprendamos de Jesús, mantengamos claras nuestras motivaciones, y vivamos conscientes de nuestra identidad para cumplir nuestro propósito en la vida.

Toda persona tiene un propósito que cumplir en la tierra, el cual está conectado con su origen, es decir, con el Dios creador de todas las cosas. Por tanto, desde hoy, te invito a comenzar cada día reconociendo quién eres, y para qué fuiste diseñado, de modo que tus actividades tengan una hoja de ruta específica para cumplir tu propósito.

Tú eres un regalo de Dios para otros, y tienes un legado que compartir con las próximas generaciones, pero no lo conseguirás sin la motivación correcta.

¡Comienza hoy tu día sabiendo quién eres!

2

Dios no es hombre, para que mienta, Ni hijo de hombre para que se arrepienta. Él dijo, ¿y no hará? Habló, ¿y no lo ejecutará?
(Números 23:19)

Promesas de Dios

Estas palabras fueron dichas por un profeta arrepentido a un rey que quería que maldijese lo que Dios ya había bendecido. Lo que nos enseña es que cuando Dios te promete algo, Él lo cumplirá. A pesar de quienes quieran impedirlo, si Dios te empodera para prosperar a través de su bendición, estás destinado a alcanzar aquello que te prometió. Pero recuerda, tu éxito nace de la voluntad de Dios, y no de tu habilidad, pero no se activará hasta que no te comprometas con Él para llevarlo a cabo.

En este verso encontramos varias verdades que nos revelan la naturaleza de Dios y nos ofrecen seguridad para nuestro futuro en un mundo cada vez más cambiante, perverso e inseguro. Además, nos enseña algunos aspectos de su voluntad, y cómo nos afecta a quienes creemos en Él. Por último, nos presenta el único camino para comprobar dicha verdad: La fe, pues sólo a través de esta podemos relacionarnos con Dios y caminar en sus promesas.

Hoy te invito a que reflexiones en aquellas promesas que Dios te ha dado, ya sea a través de alguien que oró por ti, o que leíste en su palabra, o que te habló en un sueño, o en una visión.

Medita en aquello que sabes que te pertenece, aunque aún no lo veas con tus ojos naturales, y ponle "el filtro de la fe". Cuando miramos la biblia, sus promesas, y los diferentes aspectos de Dios, a través de nuestros sentidos naturales, es como querer ver una película en 3D sin las gafas que se necesitan. Todo parecerá borroso, sin sentido, sin claridad, y por supuesto, no lo podremos comprender ni disfrutar.

Sin embargo, cuando lees versículos como el de hoy, y activas tu fe para creerlos, verás de forma clara que las promesas de Dios están destinadas a cumplirse, no por tu capacidad, sino por la naturaleza eterna del Dios que promete. Es verdad que al leer nos damos cuenta no sólo de que Dios no falla, sino que, en contraste con esta verdad, nosotros sí fallamos, si mentimos, y muy a menudo nos arrepentimos de decisiones que tomamos, o promesas que terminamos por no cumplir.

La buena noticia "escondida" detrás de todo esto, es que, a pesar de nosotros, de nuestros errores, y de nuestro pecado, Dios cumplirá, y finalmente sus bendiciones nos alcanzarán.

¡Tómalo por la fe!

3

*Los que pagan mal por bien me son contrarios,
por seguir yo lo bueno.*
(Salmos 38:20)

Luz vs. oscuridad

No te extrañe causar reacciones contrarias a tu fe cuando busques pensar, decir o hacer lo bueno. En una época tan oscura para la humanidad es normal que la luz encuentre oposición.

Lo curioso es que la oscuridad no existe por sí misma, sino que en realidad es dependiente del nivel de luz que la afecta. En otras palabras, podríamos describirlo en una frase: ***"La oscuridad es simplemente la ausencia de luz"***

Cuando leemos el libro de génesis, en su primer capítulo, donde se describe muy gráficamente la creación de todo lo existente, vemos que cada concepto, espacio y ser vivo es descrito como creación de Dios; el primero de todos ellos: La luz.

Sin embargo, de todo lo descrito en este relato, lo único que no "fue hecho", es decir, creado, fue la oscuridad (Vea Génesis 1:1-5).

Lo único que hizo Dios con la oscuridad (las tinieblas), fue separarla de la luz y llamarla "noche".

Todo esto nos demuestra que la esencia de la oscuridad es el vacío, la "falta de", la ausencia de todo, en concreto, de luz. Por tanto, el único poder que tiene la oscuridad radica en mantenerse aislado, separado y vacío, y quienes viven en oscuridad o tinieblas, separados de la luz del evangelio que se apersona en Jesús, buscarán mantenerse aislados, separados, como atraídos por ese vacío espiritual que sólo Dios puede llenar, y su forma de hacerlo será evitar, atacar o ser contrarios a quienes caminan en luz.

Sin embargo, así como la naturaleza de la oscuridad es el vacío, la luz de Dios que nos ilumina es una energía que lo llena todo y siempre encuentra lugar para expandirse, por lo cual nosotros, quienes buscamos el bien, a pesar de encontrar oposición en el mundo, debemos buscar continuamente afectar la oscuridad de los corazones vacíos de nuestros perseguidores, para que sean llenos con el amor de Dios que un día nos iluminó, y que hará lo mismo con ellos.

Hoy te invito a que te prepares para encontrar oposición a tu luz, pero también a que respondas a esa oposición con amor y compasión, sabiendo que quienes se oponen a ti, lo hacen desde un vacío profundo, el cual la luz que te ilumina puede llenar.

4

> *La que cayó entre espinos, éstos son los que oyen, pero yéndose, son ahogados por los afanes y las riquezas y los placeres de la vida, y no llevan fruto. Mas la que cayó en buena tierra, éstos son los que con corazón bueno y recto retienen la palabra oída, y dan fruto con perseverancia.*
> **(Lucas 8:14-15)**

Nuestros frutos

La iglesia se puede dividir en dos grupos: *Quienes no dan fruto y quienes sí lo dan.* Ambos grupos oyen la palabra, pero los que no dan fruto no la practican, se ahogan en sus afanes y viven según sus placeres.

Quienes dan fruto, sin embargo, son aquellos que disponen su corazón para practicar la palabra, y además cuentan con un rasgo de carácter determinante: **Perseverancia**.

Los frutos no vienen por casualidad, sino que son el resultado de un proceso de cuidado y trabajo. Cuando hablamos de la vida del creyente, el éxito es el resultado de cuidar nuestra relación con Dios y nuestro medio ambiente, o sea, nuestro hogar y familia, y de trabajar para madurar nuestro carácter.

Pero para tener un matrimonio exitoso, unos hijos bendecidos y con valores, y una familia feliz, el carácter es la primera tierra que debemos trabajar, labrar y cuidar, para conseguir una transformación verdadera. Una persona que tiene fruto en su carácter y vida personal, emocional, mental y espiritual, está preparada para afectar positivamente su ambiente, su entorno, y el mundo.

Al igual que el primer grupo descrito al principio, quienes dan fruto enfrentarán afanes, riquezas (o falta de ellas), y la tentación que nos atrae a los placeres de este mundo, pero al trabajar y permitir que Dios obre en su "yo interior", son capaces de sobreponerse a todo esto y avanzar hacia el éxito.

La clave está en nuestro corazón. Aunque la naturaleza del corazón humano está afectada por el pecado, cuando buscamos la guía del Espíritu Santo, nuestro corazón es lleno de su amor (Vea Romanos 5:5), y entonces se convierte en un corazón "bueno y recto", capaz de **retener** la palabra, y dar fruto según la misma.

Está en tus manos cada día la decisión de pertenecer a un grupo o a otro, sin embargo, si estás leyendo esto es seguramente porque quieres trabajar tu carácter y tu fe, y definitivamente te estás preparando para ser fructífero y tener éxito.

¡Hoy es el día de tu cosecha! ¡Ve a por ella!

5

> *Vuélvete a tu casa, y cuenta cuán grandes cosas ha hecho Dios contigo. Y él se fue, publicando por toda la ciudad cuán grandes cosas había hecho Jesús con él.*
> **(Lucas 8:39)**

Un encuentro con Jesús

Muchas personas creen realmente que tener fe en Dios, y confesar a su hijo Jesucristo como el Señor, es motivo de lástima para los creyentes, pero lo cierto es que un encuentro personal con Jesús tiene el poder para transformar cualquier vida y llevar a la persona a experimentar la plenitud que el mundo tanto busca.

Por esto, hoy te invito a que te sientas afortunado/a de ese maravilloso milagro de la salvación que ha cambiado tu vida, y a que no te olvides de agradecer a Dios por ese precioso regalo que tanto le costó.

Ahora bien, el mundo no puede comprender lo maravilloso del cristianismo fuera del prisma de una religión, y por eso no entienden que es lo que todos necesitamos. El cristianismo no consiste en sistemas religiosos o tradiciones de hombres (religión), sino que se sustenta y fundamenta en una relación con Jesús, sin la cual careceríamos de autoridad espiritual.

Por todo esto es necesario que busquemos tener encuentros genuinos y continuos con Jesús, pues según el versículo de hoy, un encuentro con Jesús nos llevará a:

- *Ser testimonio en nuestro hogar.*
- *Reconocer la bondad de Dios y glorificarle por ello.*
- *Tener revelación de que Jesús es Dios, y que es el camino al padre.*

Este es un buen momento para que te detengas a reflexionar y pienses, si no tienes algo que contarle al mundo que Jesús ha hecho en tu vida, quizás es momento de buscar ese encuentro personal.

El propósito de este libro es precisamente llevar al lector a tener encuentros diarios con Jesús a través de su palabra (Vea Juan 1:1), de modo que cada día algún área de nuestra vida sea transformada por el poder que se esconde detrás de un tiempo con el creador.

Así que si estás leyendo esto te felicito porque quiere decir que no te conformas con la versión de ti mismo que estás viendo hasta ahora, sino que quieres convertirte en un instrumento en manos de Dios; un instrumento que está siendo afinado a diario.

Recuerda, sin un encuentro no hay transformación, y sin transformación jamás serás relevante.

¡Hoy es el día para comenzar a ser tu mejor versión!

6

> *Le dijo Tomás: Señor, no sabemos a dónde vas; ¿cómo, pues, podemos saber el camino? Jesús le dijo: Yo soy el camino, y la verdad, y la vida; nadie viene al Padre, sino por mí.*
> **(Juan 14:5-6)**

Camino y destino

¿Qué es más importante, el camino o el destino?

Muchas veces, al igual que Tomás, puedes sentirte perdido, sin saber exactamente a dónde se dirige tu vida, y mucho menos por cuál camino llevarla. De hecho, puedes estar pasando un momento así ahora mismo. Pero al leer la respuesta de Jesús podemos encontrar paz de espíritu y claridad emocional.

Ahora bien, de nada vale tener claro hacia dónde queremos dirigir nuestra vida, si no sabemos cuáles son los pasos necesarios para llegar hasta allí. Es decir, no podemos conseguir nuestros sueños si no desarrollamos los hábitos que nos encaminen a conseguirlos, y sin la guía de alguien que ya haya superado los obstáculos que nos encontraremos en el camino, de modo que podamos "apalancarnos" en su sabiduría y experiencia. Esto es lo que tiene que ver con el camino, en este caso al éxito.

Pero igual de frustrante será no tener un destino fijo, no tener sueños ni una visión, pues cualquier camino nos viene bien, no hay ilusión, no hay retos, no hay crecimiento, no hay avance, no hay nada.

Por tanto, podemos decir que son igual de importantes el camino y el destino, y Jesús se describe a sí mismo como "El camino", y a Dios el padre como "El destino".

Una vida exitosa es la que se dirige por el camino eterno y verdadero que es Jesús, el cual tiene como meta agradar a Dios el padre. Por ejemplo, un esposo exitoso es el que trata a su esposa como Cristo a la iglesia, buscando siempre agradar a Dios con el trato que da a la mujer que Él le ha dado. Igualmente, un padre exitoso es el que enseña la verdad (Jesús) a sus hijos, y busca revelar la paternidad de Dios conforme a su modelo de familia.

Cuando no tenemos un camino definido en lo referente a las emociones, el crecimiento personal, la vida espiritual, o la familia, estaremos continuamente frustrados, preguntándonos hacia dónde vamos. Y si no perdemos la capacidad de soñar, probablemente veremos cómo cada sueño se apaga poco a poco por no saber cuál camino tomar para conseguirlo.

Así que hoy es el día en que tomes el **camino** que te guiará en **verdad** para que tengas **vida**, y la tengas en abundancia. ¡Decídete ahora por Jesús!

7

Ganar el mundo

El concepto de "éxito" que tiene la sociedad actual está usualmente asociado a lo externo que la persona puede conseguir, alcanzar o acaparar.

Pero lo cierto es que el verdadero éxito fluye de dentro hacia afuera, y sólo es verdadero cuando se es la mejor versión de sí mismo a la hora de cumplir un propósito y diseño eternos.

Jesús enseñaba que el éxito no se mide por lo que se tiene sino por lo que se es, y yo te pregunto ¿Eres exitoso/a o simplemente tienes éxito en algún área?

Es muy significativo darse cuenta de que, en esta alegoría, Jesús enseña que el hecho de conquistar todo lo externo puede llevarnos al fracaso máximo, al perder la esencia, el diseño y el propósito propios.

En otras palabras, nuestro mayor activo o tesoro, es nuestro corazón, nuestro "yo" interior, nuestra alma.

Como seres humanos tenemos muchas necesidades, especialmente espirituales y emocionales, las cuales sólo pueden ser suplidas cuando caminamos en propósito, llevando a cabo nuestro diseño original, el cual sólo podemos descubrir cuando nos conectamos a la fuente: Jesús.

Sin embargo, vemos cómo la mayoría de las personas corren tras todas las cosas que "el mundo" promete que les saciará y hará sentir plenos. De hecho, muchas personas han "ganado el mundo", se han hecho millonarios, famosos, profesionales, etc. Pero no consiguen llenar sus vacíos espirituales y emocionales, ni siquiera con el afecto y cariño de sus seres queridos, todo lo contrario, destruyen sus matrimonios, corrompen a sus hijos, o destruyen sus propias vidas con excesos, vicios, cárcel, o suicidio.

No vinimos a la tierra para ganar el mundo, sino para conquistar la eternidad de la cual procedemos, y cumplir nuestra asignación divina, dejando un legado que afecte positivamente a otros, y establezca los planes de Dios en nuestra generación. Recuerda que el éxito no está ahí afuera, sino que fluye desde tu interior, de tu vida espiritual, de tu propósito eterno y de tu conexión con tu creador.

Leerás esto muchas veces en este libro: *Es mejor la plenitud que la felicidad, porque cuando somos plenos tenemos satisfechas todas las necesidades, y podremos ser felices con mucho o con poco.* Así que llénate de la plenitud en Cristo y podrás disfrutar de todo lo bueno que este mundo pueda ofrecerte.

8

Pero no os regocijéis de que los espíritus se os sujetan, sino regocijaos de que vuestros nombres están escritos en los cielos.
(Lucas 10:20)

La fuente del gozo

Otra de las necesidades que tenemos como seres humanos es la de sentirnos gozosos, alegres, felices. De hecho, muchas personas han hecho de "la búsqueda de la felicidad" el motor de su existencia, y hoy en día ya abundan múltiples filosofías que tienen como mantra el ser feliz por encima de todo.

Por supuesto que no tiene nada de malo buscar ser feliz. Es más, ¡claro que todos merecemos ser felices!, pero ese no puede ser nuestro objetivo máximo en la vida, pues nos hará vivir como el burro que va tras la zanahoria que cuelga delante suyo, atada a su cuello.

Lo más sabio es entonces "ser feliz", es decir, decidir serlo. El problema es que el concepto de felicidad que nos han presentado es demasiado efímero, costoso y sujeto al cambio.

Por otro lado, está el gozo. Éste no está sujeto a las situaciones de la vida, ni es una emoción o sentimiento, sino que es el resultado de conocer los beneficios de nuestra fe en Dios y sentirnos plenamente satisfechos por lo que Él nos da a diario.

Así que nuestro gozo no debería encontrar su fuente en lo que hacemos para Dios, sino en lo que Jesús hizo por nosotros. De este modo será eterno, como lo es el regalo de la vida que encontramos en Cristo.

Encontrar la fuente de nuestro gozo en lo que hacemos para Dios, o por otras personas, o nuestra posición en una iglesia, o los cargos que se nos asignan, es una equivocación tan grande como habitual entre los creyentes, y anula el poder mismo que fluye de él.

Por eso es tan triste ver casos de pastores o ministerios en depresión e incluso suicidio, pues nos demuestra que en algún momento del camino les importó más lo que no fueron capaces de hacer, que lo que Jesús ya había hecho por ellos.

Recuerda que los tres aspectos principales del reino de Dios son justicia, paz y gozo en el espíritu, de modo que lo que nos llenará de gozo no será una habilidad humana, un objeto físico, una posición de liderazgo, o un nivel económico mayor, sino el gobierno (Reino) de Dios.

Disfruta por lo que tienes y eres en Cristo, y sobre todo ¡No te desanimes! Siempre podrás encontrar una razón para alegrarte cuando mires a la cruz.

9

> *Mira, Jehová tu Dios te ha entregado la tierra; sube y toma posesión de ella, como Jehová el Dios de tus padres te ha dicho; no temas ni desmayes.*
> **(Deuteronomio 1:21)**

Pasividad o paciencia

Hoy vamos a descubrir la fórmula para conquistar las promesas de Dios para nuestras vidas. La Biblia describe dos tipos de creyentes: Los pasivos y los pacientes, de modo que no es lo mismo ser pasivo que ser paciente. La diferencia entre el uno y el otro es la FE

Alguien pasivo confiesa la palabra, pero no la cree, dice tener fe, pero no la demuestra, nunca conquista nada y siempre culpa a otros (incluido Dios), y no es perseverante, cuando ora y no se cumple no le importa, no hace nada para que se cumpla la voluntad de Dios sobre su vida, y se cansa fácilmente de esperar. (Vea Santiago 1:6-7)

Por otro lado, una persona paciente sabe caminar por fe y no por vista, escucha la palabra, la cree, la confiesa y hace que suceda, sabe esperar en Dios, pero mientras espera sigue trabajando su milagro, tiene un carácter aprobado por Dios, sabe superar los obstáculos, no se desanima fácil, es perseverante, y reconoce que sus conquistas son producto de las promesas de Dios. (Vea Mateo 11:12)

"La pasividad es una característica de un carácter inmaduro, mientras que la paciencia es el fruto de un carácter procesado y madurado."

Por tanto ¿Cómo desarrollamos un carácter paciente?, a través de los procesos que ponen a prueba nuestra fe y maduran nuestro carácter (Vea Santiago 1:2-4), de modo que una persona paciente comprende que:

- *Los problemas y dificultades son el trampolín para su tierra prometida.*
- *La persecución y acusación son la antesala de su plenitud en Cristo.*
- *El desierto es el campo de entrenamiento para los conquistadores del reino.*

¿Cuáles son los resultados de desarrollar un carácter paciente? Según leemos en Salmos 40:1-3:

- *Provoca una respuesta de parte de Dios.*
- *Nos enseña a lidiar con la desesperación, la ansiedad y la angustia.*
- *Nos da fortaleza emocional y espiritual, y nos posiciona sobre la roca, es decir, afirma nuestra fe.*
- *Nos da dirección, sentido y visión*

- *Provoca gozo de espíritu. Nunca dejamos de alabar.*

- *Nos convierte en un testimonio vivo del poder sobrenatural de Dios.*

Hay quienes nunca toman posesión de aquello que Dios les prometió porque se quedaron pasivos después de recibir la promesa.

Pero la Biblia enseña que cuando Dios te promete algo, te exhorta a conquistar esa promesa, es decir:

- *Aprende a escuchar de Dios para saber cuál es su promesa para tu vida.*

- *Entra en el proceso que te prepare para alcanzarla.*

- *Pelea las batallas que te den la conquista.*

- *Toma posesión de tu promesa.*

- *En medio de todo ese proceso renuncia al temor y nunca te des por vencido.*

¿Ves cómo no es lo mismo PACIENCIA que PASIVIDAD? En definitiva, aquellos que son pacientes están destinados a conquistar. Aquellos que son pasivos están destinados a fracasar. Por tanto, desde hoy mismo, reflexiona en todo lo que aún no has conquistado, y aunque debes preparar tu corazón para aprender a esperar en los tiempos de Dios, también debes entrenarte para movilizarte en la dirección de esa promesa para conquistarla.

10

> *Respondiendo Jesús, le dijo: Marta, Marta, afanada y turbada estás con muchas cosas. Pero sólo una cosa es necesaria; y María ha escogido la buena parte, la cual no le será quitada.*
> **(Lucas 10:41-42)**

Activismo

El activismo es la incapacidad de disfrutar de la presencia de Dios y los tiempos a solas con Jesús por estar siempre ocupados haciendo cosas (para Él o cotidianas). Marta tenía tal vez "buenas intenciones" al estar haciendo cosas para servir a Jesús, pero tristemente su servicio le causó afán y turbación.

Por otro lado, María parecía desconsiderada con su hermana por no ayudarla, pero realmente ella había entendido el orden de prioridades correcto, que comienza por sentarse y pasar tiempo con Jesús.

De este pasaje debemos aprender algunas cosas:

- *Lo primero es nuestro tiempo con Dios antes que el servicio o nuestras actividades cotidianas.*

- *No podemos permitir que nuestro servicio a Dios nos traiga afanes y turbación, sino que debe ser un deleite y traernos gozo.*

- *Las posiciones, los cargos, los ministerios, las habilidades, o cualquier otra cosa que poseamos, nos puede ser quitada, pero la transformación que experimentamos al pasar tiempo con el maestro y alfarero, jamás nos dejará igual, es decir, nunca nos podrá ser quitado.*

- *Lo que es realmente necesario no es tanto lo que podamos hacer para servir a Dios, sino lo que Él puede hacer en nuestras vidas de modo que seamos utensilios eficaces en sus manos.*

Este es el momento para que te des cuenta de que, aunque eres importante, especial y único, para marcar la diferencia, sentirte pleno, y cumplir tu propósito, necesitas descansar en las manos de tu creador, tomarte tiempos para aprender de Él y ser transformado por su palabra, y dejar de querer hacer cosas o aplicar métodos propios para ser exitoso.

Vivir exitosamente es vivir cumpliendo tu propósito, y para eso necesitas dejar de hacer muchas cosas, tener ratos con Jesús, y permitir que él tome el control de tu vida, de tu casa, de tus hijos, de tu negocio, etc.

Hasta que no entendemos la razón de nuestra existencia en la tierra no podemos llevarla a cabo, y todos los demás intentos por ser relevantes sólo generarán frustración y desánimo, pues nos llevarán continuamente por caminos sin salida. Jesús quiere transformarte hoy. ¡Tómate un tiempo para Él!

11

> *Mirad, yo os he enseñado estatutos y decretos, como Jehová mi Dios me mandó, para que hagáis así en medio de la tierra en la cual entráis para tomar posesión de ella. Guardadlos, pues, y ponedlos por obra; porque esta es vuestra sabiduría y vuestra inteligencia ante los ojos de los pueblos, los cuales oirán todos estos estatutos, y dirán: Ciertamente pueblo sabio y entendido, nación grande es esta.*
> **(Deuteronomio 4:5-6)**

¿Cómo cambiar el mundo?

"Cambiar el mundo" es un objetivo noble cuando busca la mejora social y humanitaria, que muchos se propusieron y en su mayoría consiguieron. Pero lo cierto es que más que un objetivo, es una responsabilidad que tenemos como pueblo de Dios.

El problema es que para mejorar el mundo debemos comenzar por mejorar nosotros mismos, y esto es lo que advirtió Moisés al pueblo que lideraba.

Debían primero poner por obra las palabras reveladas por Dios a sus vidas en tiempos de paz en el desierto, para así poder hacerlo cuando estuviesen rodeados de poblaciones hostiles y enemigas de su fe. De esta manera conseguirían llamar su atención y apuntar su mirada hacia el Dios que manifestaban, capaz de dotar a su pueblo con SABIDURÍA e INTELIGENCIA.

¿No te parece que esto es justo lo que deberíamos hacer los creyentes hoy en día? Considero que tenemos la responsabilidad de poner por obra la palabra de Dios en medio de una sociedad que tiene una mentalidad contraria a nuestra fe, para ayudarles así a conocer el Dios a quien servimos, viviendo y actuando con sabiduría e inteligencia.

Recuerda que, aunque debemos caminar por fe, nuestro camino tiene lugar en este mundo, el cual está influenciado por mentalidades contrarias a Dios y endurecidas hacia lo que enseña su palabra, y estas mentalidades las encontraremos al interactuar con jefes, empleados, compañeros de trabajo, amistades, enemigos, etc.

En definitiva, como seres sociales que somos, necesitamos desarrollar relaciones saludables, las cuales sólo son posibles cuando actuamos con sabiduría e inteligencia. Pero no sólo estamos diseñados para socializar, sino que tenemos la necesidad y responsabilidad de aportar en beneficio de la humanidad, dejar un legado, multiplicarnos en otros, etc. Y sin sabiduría e inteligencia jamás podremos conseguirlo. Así que ¡Es tiempo de cambiar el mundo! ¿Te apuntas?

12

> *Como el ciervo brama por las corrientes de las aguas, Así clama por ti, oh Dios, el alma mía. Mi alma tiene sed de Dios, del Dios vivo; ¿Cuándo vendré, y me presentaré delante de Dios?*
> **(Salmos 42:1-2)**

¿De qué tienes hambre?

Lo cierto es que el hambre es una sensación bastante incómoda. Fallan las fuerzas, empeora el ánimo, y comer termina convirtiéndose en una URGENCIA.

Todos hemos pasado por esta situación alguna vez en la vida, pero no es menos cierto que, tanto nuestra alma, como nuestro espíritu y nuestro ser interior, están continuamente clamando por ser saciados. El problema en este caso es que muchas veces no sabemos alimentarlos.

Toda persona tiene en realidad hambre de Dios, anhela experimentar lo sobrenatural y el poder de nuestro creador, pero la mayoría ha buscado saciar esa hambre con medios erróneos como la brujería, el esoterismo, astrología, hechicería, o intelectualismo.

¿Qué es lo que sucede? Pues que al igual que con el hambre natural, al no sentirnos saciados por todos estos medios incorrectos, el llenarnos espiritualmente se ha convertido en una URGENCIA, la cual podemos ver reflejada en los síntomas que estamos viviendo, como que la sociedad ha perdido fuerza moral, el ánimo por hacer lo correcto ha decaído, nos molestamos con más facilidad, y la búsqueda frenética por llenar el vacío espiritual con los medios naturales que el mundo ofrece para saciar los deseos engañosos de la carne (Drogas, sexo indiscriminado, relaciones amorosas incorrectas, suicidio, etc.)

Hoy quiero decirte abiertamente que lo único que sacia nuestra sed existencial es lo que podemos leer en este texto: PRESENTARNOS DELANTE DE DIOS. Tener una relación con nuestro creador es lo más gratificante y acertado que podemos hacer para sentirnos PLENOS, es decir, llenos espiritualmente, sin necesidad de nada.

Vivir exitosamente es el resultado de sentirnos llenos emocional y espiritualmente, de modo que no seamos controlados por los deseos engañosos de la carne, que se alimenta de los excesos, vicios y pecado que el mundo nos ofrece, sino que comprendamos nuestras necesidades y nos acerquemos a la fuente correcta para mantenerlas saciadas.

No se trata de dejar de disfrutar de la vida, sino todo lo contrario, de no sentirnos hambrientos nunca más, ni frustrados por haberlo probado todo y seguir con esa sensación. Y hoy, ¿de qué tienes hambre?

13

> *He aquí yo pongo hoy delante de vosotros la bendición y la maldición: la bendición, si oyereis los mandamientos de Jehová vuestro Dios, que yo os prescribo hoy, y la maldición, si no oyereis los mandamientos de Jehová vuestro Dios, y os apartareis del camino que yo os ordeno hoy, para ir en pos de dioses ajenos que no habéis conocido.*
> **(Deuteronomio 11:26-28)**

Decisiones

Desde que tenemos uso de razón, nuestra vida es marcada por las decisiones que tomamos. Pero un aspecto crucial en este sentido es que las decisiones deben ser tomadas desde el conocimiento de las consecuencias o resultados que nos traerán. Es decir, realmente no cambiamos el destino al decidir, sino que simplemente escogemos el destino que queremos tener.

Obedecer a Dios es una decisión que tomamos cuando entendemos las bendiciones que nos ofrece la obediencia. No estamos construyendo o creando esas bendiciones, sólo estamos escogiendo recibirlas a través de la obediencia. En otras palabras, ***las bendiciones son el resultado de la obediencia.***

Sucede exactamente lo mismo con la DESOBEDIENCIA. El resultado de esta es una vida de fracaso, insuficiencia y pesar.

No es que Dios castigue a los desobedientes y les maldiga por ello, simplemente la maldición es el resultado de su decisión de no obedecer.

Los líderes que Dios levanta como pastores, evangelistas, o predicadores, nos presentan ambos caminos y sus resultados. En otras palabras, los "ponen delante de nosotros", para que tomemos nuestras decisiones conociendo sus resultados, pero siempre está en nuestras manos los resultados que obtendremos.

Dicho de otra forma, no es Dios quien necesita que le obedezcamos, sino que somos nosotros quienes necesitamos estar bajo su gobierno, para alcanzar un destino exitoso y cumplir nuestro propósito.

Hoy tienes delante de ti un *"camino de buenas obras, las cuales Dios preparó de antemano para que anduviésemos en ellas."* (Vea efesios 2:10) Al cual sólo tienes acceso a través de la obediencia a su palabra. Tu única otra opción es no escuchar estas palabras y caminar en tus propias obras, es decir, caminar tu propio camino.

Así que tú ¿Qué decides?

14

> *Y volverán los oficiales a hablar al pueblo, y dirán: ¿Quién es hombre medroso y pusilánime? Vaya, y vuélvase a su casa, y no apoque el corazón de sus hermanos, como el corazón suyo.*
> **(Deuteronomio 20:8)**

Actitudes contagiosas

Es increíble la profundidad de lo que estos dos tipos de personas descritas anteriormente representan. Veamos:

- <u>Medroso:</u> *Que se asusta con facilidad o tiende a sentir miedo. Que implica o denota miedo.*

- <u>Pusilánime:</u> *Que muestra poco ánimo y falta de valor para emprender acciones, enfrentarse a peligros o dificultades, o soportar desgracias.*

Lo cierto es que la vida es un camino difícil, pero la vida en Cristo es una auténtica batalla sin apenas tregua. El mundo y quienes siguen su corriente viven en permanente derrota, esclavizados por el pecado y el engaño. Pero cuando nos volvemos a Dios somos liberados de esa vida en derrota y esclavitud, y comenzamos una batalla continua: "La batalla de la buena fe", cuyo destino es siempre victorioso.

Por esto debemos saber escoger de quienes nos rodeamos, pues es sabio apartar de nuestra vida personas con mentalidad derrotista y victimista, como la descrita en el versículo del encabezado, pues estas son actitudes fácilmente contagiosas, y alguien con este tipo de actitudes es capaz de desanimar a muchos, pues son actitudes que se expanden como un virus.

En su lugar debemos rodearnos de personas de fe, valientes, guerreros, que cayeron mil veces, y mil veces volvieron a creer y se levantaron. Sólo este tipo de personas sabrán cómo levantarnos en nuestros peores momentos, y alimentarán nuestra fe, para que podamos cumplir nuestro propósito.

Dios tiene la capacidad y la voluntad de restaurar a toda persona que lo necesite, para eso se hizo hombre y dio su vida en rescate de muchos, pero cuando hay alguien con este tipo de actitudes y mentalidades, no puede trabajar en sus vidas, pues van a echar a perder cualquier esfuerzo, hasta que no cambien su mentalidad (Vea Romanos 12:1-3). Si eres ese tipo de personas con mentalidad de derrota, permite que Dios transforme tu mentalidad ahora mismo. Pero si te rodeabas de personas así, hoy es momento de cortar con esas influencias.

Desde hoy toma actitudes valientes que te impulsen a avanzar, y deja de lado a aquellas personas que quieran hacerte fracasar, así como ellos lo hicieron.

15

El que es fiel en lo muy poco, también en lo más es fiel; y el que en lo muy poco es injusto, también en lo más es injusto.
(Lucas 16:10)

Oportunidades

Existe el concepto erróneo de que las personas cambian cuando adquieren:

- *Dinero*

- *Poder*

- *Posiciones*

Pero nada más lejos de la realidad. La Biblia enseña muy sabiamente que estas cosas solamente manifiestan la condición real de la persona que las adquiere.

La diferencia es que cuando la persona las adquiere, también se le presenta la oportunidad de manifestar esa condición que estaba, pero permanecía oculta.

Por eso, quien es fiel, honrado, o justo con pocos recursos, no deja de serlo cuando tenga más recursos, posición o poder. Así mismo, quien es miserable, injusto, infiel o corrupto, mientras no tenga oportunidad de manifestarlo, lo intentará mantener oculto, pero en el dinero, el poder o las posiciones encuentra la oportunidad para sacar a la luz quien realmente es.

Una cosa es ser, otra cosa es tener, y cuando alguien tiene claro quién es, no le cambia lo que obtiene, ni se convierte en el siervo de lo que posee, sino que es señor de lo que tiene, con dominio propio y la capacidad de multiplicarlo y enseñar a otros a hacerlo.

Es decir, tener no cambia el ser, sin embargo, lo que uno es, hace que se tenga más o menos.

Hoy quiero invitarte a reflexionar en las cosas que harías, o en quién te convertirías, si obtienes el dinero, el poder o la posición que tanto anhelas. ¿Todo eso potenciaría tu naturaleza honesta, justa, considerada, dadivosa y fiel? O por el contrario ¿El poder, el dinero o una posición sacarían a la luz tu naturaleza egoísta, egocéntrica, injusta e infiel?

Nuestra vida consiste más bien en lo que somos que en lo que tenemos, pues cualquier cosa que obtengamos puede escaparse de nuestras manos fácilmente, pero si somos íntegros no serán las situaciones las que nos afecten a nosotros, sino nosotros a ellas.

Y tú ¿Eres fiel o justo, o simplemente no has tenido la oportunidad de manifestar que no lo eres?

16

> *La paz os dejo, mi paz os doy; yo no os la doy como el mundo la da. No se turbe vuestro corazón, ni tenga miedo.*
> **(Juan 14:27)**

¿Cómo tener paz?

Uno de los tesoros más buscados por las personas hoy en día es "la paz interior". Esto ha dado lugar a un nuevo mercado de disciplinas, sobre todo orientales, y actividades psico-físicas que prometen alcanzar tan anhelado estado.

Sin embargo, la verdadera paz no consiste solamente en evadirse de un estado emocional causado por circunstancias externas, ni reducir nuestro nivel de estrés por el trabajo o los niños. Si esta fuera la única opción para alcanzar la paz estaría tratando sólo con los síntomas finales y no con la raíz del problema. Además, la "paz" obtenida tendrá fecha de caducidad, que será el momento en que venga el siguiente reto, obstáculo o problema.

A decir verdad, el ser humano tiene una necesidad enorme de sentirse en paz consigo mismo y con los demás, pero esta paz sólo podemos obtenerla al recibirla de Jesús. De hecho, para eso ha venido al mundo, a traer paz entre Dios y los hombres, lo cual sólo fue posible con su muerte y resurrección. Es por eso por lo que Jesús tiene la potestad y autoridad de darnos su paz, y también es por esto por lo que la describe como una paz diferente a la que este mundo nos puede ofrecer.

Todos encontramos gratificante esa sensación de tranquilidad que nos da cobrar un buen salario, no tener que ir apenas al médico, o tener un grupo de familiares y amigos que nos aceptan, respetan y muestran su cariño. Pero todo esto, aunque bueno y necesario, no es lo más importante, y, sobre todo, ofrece una paz limitada y siempre sujeta al cambio.

El dinero puede escaparse fácilmente, el trabajo no depende de nosotros por muy bien que lo hagamos, la salud no la tenemos comprada, y las personas pueden dejarnos de lado con una facilidad pasmosa. Sin embargo, encontrar la paz de espíritu que Jesús ofrece nos aporta plenitud, pues está fundamentada en un hecho eterno imposible de cambiar.

La paz de Dios no sólo nos aclara el presente, sino que guarda nuestro corazón para que no se turbe por causa del miedo al futuro, es decir, a perder todo lo que el mundo puede ofrecer, pero también puede quitar. Vivir exitosamente es vivir en una paz continua y contagiosa, sabiendo que quienes somos no depende de nuestro esfuerzo o dones, sino de nuestro diseñador. ¡Recibe esta paz ahora!

17

Dijo Jesús a sus discípulos: Imposible es que no vengan tropiezos; mas ¡ay de aquel por quien vienen!
(Lucas 17:1)

Las ofensas

¿A quién no le han ofendido alguna vez? o ¿Quién no ha ofendido a alguien alguna vez?

Lo cierto es que las ofensas son parte natural de la interacción entre seres humanos. Ya sea voluntaria o involuntariamente, es inevitable ser ofensor o sentirse ofendido a menudo.

Sin embargo, aunque sea imposible que no vengan los tropiezos (**ofensas** en el original), lo que sí es posible y, de hecho, se nos demanda, es evitar ser la persona que ofende.

Esto es muy lógico porque al fin y al cabo no podemos controlar lo que sucede a nuestro alrededor, pero sí podemos tener dominio propio sobre nuestras actitudes, palabras y acciones.

Si toda persona se guardase de no ofender, no le estaría haciendo un bien a otros sino a sí misma, porque la ofensa habla más de quien la comete que de quien la sufre.

Por eso Jesús se apenaba por quienes ofenden deliberadamente, porque esas personas son aquellas que hacen tropezar a su prójimo, causando dolor y rechazo, e hiriendo los corazones de quienes les rodean.

Es cierto que debemos madurar al punto de saber cómo lidiar con las ofensas que vienen a nuestras vidas, pero mucho más sabio es vivir una vida en la que tenemos el dominio de nuestras palabras, acciones y actitudes, para no hacer que otros tropiecen en el dolor, el rechazo o la falta de perdón.

Somos seres sociales, y como tales importa mucho lo que decimos y cómo lo decimos, por eso no es excusa las frases como: "Yo hablo así" o "Es mi forma de expresarme". La comunicación es vital en nuestras relaciones, y no se trata sólo de lo que "queremos decir", sino de lo que el otro "entiende o percibe".

La biblia enseña que todo lo que el hombre siembra, eso mismo cosechará, de modo que la mejor manera de reducir las ofensas intencionadas e injustas que podamos recibir en el futuro es cuidarte de no herir los corazones de quienes te rodean con una actitud que les haga tropezar por causa de la ofensa que les puedas causar.

Desde hoy te invito a vivir una vida libre de la ofensa.

18

> *Y los que oyeron esto dijeron: ¿Quién, pues, podrá ser salvo? Él les dijo: Lo que es imposible para los hombres, es posible para Dios.*
> **(Lucas 18:26-27)**

Salvación

Tristemente la religión (El intento del hombre por acercarse a Dios por medio de métodos y tradiciones) no entendió esta tremenda revelación, y por causa de esto, millones de personas decidieron alejarse del Dios que se les ha predicado erróneamente.

La salvación que Cristo nos ofrece no puede ser alcanzada por medio de nuestros méritos o buenas acciones, sino que se trata de ser lo suficientemente humildes para reconocer nuestro pecado, debilidad espiritual, y necesidad de Dios, y recibir con agradecimiento el regalo de la vida eterna.

Jesús rompe los esquemas religiosos de su época (y de la nuestra), al enseñarnos que para nosotros es IMPOSIBLE ser salvos, pero para Dios es POSIBLE salvarnos, pero que, para poder hacerlo, es necesario que entendamos que necesitamos ser salvos.

Y tal vez te preguntes ¿Salvos de qué? Sencillo, de una vida de pecado, sin propósito, y alejada de Dios.

Puedes creer que no necesitas ser salvo, pero eso no anula la enorme necesidad que tiene tu vida de volver a su diseño original y reconciliación con tu creador.

Para nosotros los creyentes la salvación representa la plenitud de todo lo que necesitamos, lo cual obtenemos en Cristo Jesús: Liberación espiritual y emocional, sanidad física, prosperidad económica, propósito, etc.

Es decir, de nuestra salvación fluye todo lo que necesitamos a nivel espiritual, emocional y físico, y no sólo constituye un determinado grupo de actividades litúrgicas que se desarrollan en un lugar específico.

Cuando somos salvos tenemos acceso a todo lo que necesitamos, pues nacemos de nuevo en el espíritu, y somos hechos nuevas criaturas, constituidos hijos de Dios, y Él, como un padre perfecto, se encarga de suplir todo lo que necesitamos para cumplir nuestro propósito.

Es importante que entendamos esto, porque sólo así podremos presentar el regalo de la salvación a todos aquellos que aún no la han recibido, ya que esta es, en esencia, nuestra asignación más importante.

Rompe con los esquemas religiosos que limitan las bendiciones de Dios para los creyentes y comienza a disfrutar de todo lo que representa tu salvación, y cuando sientas que te faltan muchas cosas, recuerda que tienes la más importante, **tu salvación**.

19

Negligencia vs. diligencia

La negligencia y la diligencia no so habilidades que se adquieren, sino actitudes que se manifiestan. Por eso es importante entender que este versículo no contrasta a los trabajadores frente a los vagos, sino que describe dos tipos de personas según sus actitudes. En otras palabras, nos enseña a ser buenos administradores.

La mano *"negligente"* hace referencia a quienes por mucho que ganen o ingresen, siempre termina siendo más lo que desechan y malgastan, viviendo una vida por encima de sus posibilidades.

La negligencia tiene que ver mayormente con conocer cuál es nuestro problema, pero decidir no cambiarlo. Es decir, ser negligente es conformarse en lugar de renovarse (Vea Romanos 12:1-3).

Por tanto, quien actúa con negligencia vive empobrecido y termina perdiendo todo lo mucho, o poco, que consigue (dinero, empresas, familia, etc.)

Por otra parte, vemos los beneficios de **la diligencia**. Las personas diligentes son trabajadoras, pero también son buenas administradoras. Un aspecto crucial de la diligencia es la DISCIPLINA y CONSTANCIA.

Alguien diligente es proactivo en cuanto a su crecimiento, es capaz de cultivar los hábitos correctos para cumplir su objetivo, y está enfocado en cada decisión que toma para llevar a cabo su visión.

Así que podemos ver la importancia que tiene nuestra mentalidad y actitud frente a cualquier cosa de la cual seamos responsables, o que se nos haya dado.

Desde el principio, cuando Dios creó al ser humano, le bendijo y le mandó a ser diligente en cuanto a sus responsabilidades, las cuales eran labrar la tierra, multiplicarse y expandirse, cuidar de la creación, etc.

Pero tengamos claro lo siguiente, la diligencia no es la capacidad de trabajar duro, sino de trabajar de manera eficaz para cumplir un objetivo y dar fruto, a la vez que crecemos y nos expandimos. De hecho, hay gente que son muy trabajadores, pero no son diligentes a la hora de administrar lo que tienen, y terminan perdiendo su dinero, o ganando fortunas, pero perdiendo su familia, su salud, o cualquier otro recurso que se les haya sido entregado, por negarse a aprender de sus errores.

Y tú ¿Eres negligente o diligente?

20

> *Manantial de vida es la boca del justo; Pero violencia cubrirá la boca de los impíos. El odio despierta rencillas; Pero el amor cubrirá todas las faltas.*
> **(Proverbios 10:11-12)**

Las palabras y el corazón

He escuchado muchas veces un refrán que reza: "Dime con quién andas y te diré quién eres". Bueno, es muy cierto que nuestro círculo de personas más cercanas influye muchísimo en nuestra vida, pero no manifiesta quienes somos realmente.

Sin embargo, Jesús enseñó muy acertadamente qué es lo que revela quiénes somos en realidad: "Lo que sale del corazón" ¡Exacto! No podía ser de otra manera. No somos lo que entra en nuestro interior, ¡somos lo que fluye de éste!

Por eso, una manifestación clara de lo que somos en nuestro interior son nuestras palabras. Aquí esta verdad es descrita muy sabiamente al conectar nuestra forma de hablar con nuestra naturaleza del corazón, pues las palabras son el fruto que se alimenta de la raíz de este.

Es decir, la forma en que hablamos revela quiénes somos en esencia. Una boca que habla bien pertenece a alguien justo, sensato, amoroso, sano por dentro. Mientras que una boca que habla mal pertenece a alguien herido en su interior, injusto, insensato, violento, etc.

Según esto podemos encontrar un ciclo muy interesante en cuanto a nuestras palabras. Veámoslo:

- *El corazón es la raíz de nuestras palabras.*
- *Cuando las pronunciamos son el fruto.*
- *Tras pronunciarlas se convierten en semillas.*
- *Esas semillas se guardan en el corazón.*
- *El ciclo vuelve a empezar.*

¿Lo ves? Es muy importante lo que hablamos, pero a su vez es igual de importante lo que escuchamos, incluso cuando lo escuchamos de nosotros mismos, porque nuestras propias palabras retroalimentan nuestro yo.

Por eso es tan sano cambiar nuestras declaraciones diarias, pues nuestras palabras generan un ambiente que afecta nuestro corazón, y este a su vez da a luz nuestras palabras

Haz un ejercicio diario: Estudia tus palabras, reconoce quién eres en tu interior, sustituye las palabras tóxicas por palabras de fe, medita en tus nuevas declaraciones, vuelve a desechar lo que no edifica, y comienza de nuevo.

21

> *Crea en mí, oh Dios, un corazón limpio, Y renueva un espíritu recto dentro de mí. No me eches de delante de ti, Y no quites de mí tu santo Espíritu. Vuélveme el gozo de tu salvación, Y espíritu noble me sustente.*
> **(Salmos 51:10-12)**

¿Qué necesitas?

Hoy vas a aprender una clave indispensable para vivir exitosamente: *Diferenciar lo que quieres de lo que necesitas, y no ir detrás de la felicidad sino recibir la plenitud que ofrece tener suplidas las necesidades.*

Nuestra voluntad está liderada por nuestra alma, e influenciada por emociones y deseos engañosos, bombardeados por lo que entra a través de las ventanas del alma (Los 5 sentidos naturales).

Por eso es muy común escuchar peticiones dentro del cuerpo de Cristo completamente fuera de lugar y, por supuesto, de la voluntad de Dios.

Así que es bueno preguntarnos más a menudo qué es lo que necesitamos, y menos qué es lo que nos piden nuestros deseos, emociones, sentidos, o sentimientos.

Muchas veces, al igual que a David al pronunciar estas palabras, necesitamos chocarnos de frente con las consecuencias de ir tras nuestros deseos, para darnos cuenta de aquello de lo que tenemos necesidad.

Veamos cuáles son nuestras mayores necesidades:

- *Un corazón limpio*
- *Un espíritu recto*
- *Poder permanecer cerca del Espíritu de Dios*
- *El gozo de la salvación*
- *El sustento de parte de Dios*

Ahora preguntémonos: ¿Cuántas veces hemos (me incluyo) pedido ser saciados de estas necesidades en nuestras oraciones? Seguramente muy pocas.

Lo cierto es que todas estas cosas son NECESARIAS, no sólo para desarrollar una vida espiritual exitosa, sino para poder ser de bendición y edificación para nuestra comunidad, y, en definitiva, vivir exitosamente.

¿Qué te quiero decir con todo esto? Que es mucho más importante sentirnos plenos que ser felices, pues la felicidad está asociada a conseguir cosas, mientras que la plenitud es el estado de no tener necesidad de nada, y a partir de ahí ser felices con mucho o con poco. Así que ya lo sabes, no busques tanto "ser feliz", sólo busca ser plenamente satisfecho de tus necesidades espirituales, y entonces hallarás la felicidad dentro de ti.

22

> *Felipe halló a Natanael, y le dijo: Hemos hallado a aquél de quien escribió Moisés en la ley, así como los profetas: a Jesús, el hijo de José, de Nazaret. Natanael le dijo: ¿De Nazaret puede salir algo de bueno? Le dijo Felipe: Ven y ve.*
> **(Juan 1:45-46)**

¿Qué dicen de ti?

Catalogar a alguien, o ser catalogado, por nuestro contexto o lo que se ha dicho sobre nosotros es algo tan triste como común, ¿No? De hecho, es muy curiosa la reacción de Natanael cuando le hablan acerca de Jesús. Automáticamente cuestiona su valor por causa de su lugar de procedencia y pregunta despectivamente: *"¿Puede salir algo bueno de un lugar como ese?"*

¿Te suena de algo esa actitud? Tristemente personas con esa habilidad para enjuiciar e infravalorar a otros, SIN CONOCERLOS, por el mero hecho de conocer su lugar de procedencia, status social, nivel económico, o apariencia física, entre otros, abundan en la actualidad, y lo han hecho durante toda la historia.

Probablemente hayas sido el blanco de alguna afirmación como esa, pero también es muy probable que hayas actuado de la misma manera en alguna ocasión.

Sea cual sea el caso, debemos estar preparados para una situación como esta, ya sea que seamos los que "desprecian" o los "despreciados". Si crees que tu contexto es lo que te da valor, entonces recibir una palabra como esa tendrá el poder de frustrarte e incluso marcar tu destino. Pero recuerda que no somos lo que nos rodea, sino que somos lo que fluye de nuestro interior. Jesús sabía quién era, y esta palabra no le ofendió, sino que respondió con amor, al igual que nosotros debemos hacer.

Una persona que duda del valor de otro por cualquier agente de su contexto solamente está reflejando la imagen que tiene de sí misma, pues está queriendo decir que se considera valiosa por lo que le rodea y le diferencia de la persona a quien desprecia.

Así mismo, debemos tomar conciencia cuando nuestro corazón desprecie a alguien que tal vez ni siquiera conocemos, por lo que vemos a simple vista o se nos ha dicho de ella. Si realmente quieres vivir exitosamente debes aprender a evitar la frustración que querrá apoderarse de ti cuando te juzguen injustamente, pero también debes aprender a no emitir juicios negativos sobre otros por lo poco o mucho que sepas de ellos, o su lugar de procedencia, su familia, o su pasado.

23

> *Porque no envió Dios a su Hijo al mundo para condenar al mundo, sino para que el mundo sea salvo por él.*
> **(Juan 3:17)**

Propósito

Nuestro propósito en la tierra tiene que ver con la asignación divina, o intención original, con la cual fuimos creados, para cumplir durante nuestra vida.

Sabiendo esto, entendemos que nadie simplemente "nace" porque sí, sino que venimos al mundo con un propósito que cumplir. De hecho, en mi opinión, el mayor fracaso de la mayoría de las personas es vivir una vida sin propósito, yendo detrás de sus propios deseos, los cuales, según la biblia, están basados en el engaño de una promesa de felicidad, que nunca es verdadera ni completa una vez que los satisfacemos.

Ahora bien, nacer con propósito no significa que necesariamente vayamos a cumplirlo.

Si sabemos que el propósito se nos es dado antes de nacer, entonces tiene entendemos que tenemos que conectarnos con nuestro creador, quien nos diseñó y nos puso el potencial para cumplir ese propósito, para ser exitosos a la hora de llevarlo a cabo.

Por otra parte, cuando nacemos de nuevo (como enseña Jesús a Nicodemo en este capítulo del libro de Juan) nuestro propósito adquiere una dirección muy específica, alineada con el propósito de Jesús:

¡Salvar en lugar de condenar!

Dicho de otra forma, todo lo que tiene que ver con nuestro propósito va ligado a salvación y vida eterna, y con dejar un legado de bendición a nuestra generación y las venideras.

Jesús tenía la potestad, el poder y la autoridad para **condenar** a todos los que le rodeaban, incluso a ti y a mí ahora mismo, pero conocía su propósito, el cual era traer **salvación** al mundo. Por eso pudo seguir adelante aun cuando tenía todo en contra, porque no le faltaron ocasiones para desviarse de su propósito, pero Él conocía su diseño, y sabía que llegaría a su plenitud en la cruz del calvario, al ganar la salvación para la humanidad y establecer el reino de su padre.

Una vida exitosa es aquella que aporta un granito de arena en medio de su generación, para que conozcan la salvación que Jesús ofrece, pues es la única manera de hacer no sólo historia, sino de formar parte activa de la eternidad y establecer el reino (el gobierno) de Dios, la cual es nuestra mayor bendición y asignación como sus hijos (Vea Mateo 6:10)

Y tú ¿Aportas al mundo para salvación o para condenación?

24

> *En cuanto a la pasada manera de vivir,*
> *despojaos del viejo hombre, que está viciado*
> *conforme a los deseos engañosos, y renovaos*
> *en el espíritu de vuestra mente, y vestíos del*
> *nuevo hombre, creado según Dios en la justicia*
> *y santidad de la verdad.*
> **(Efesios 4:22-24)**

Ingenuidad y misticismo

El cristianismo es una experiencia realmente apasionante, pero que, al mismo tiempo, ha sido tristemente malinterpretada y poco aprovechada.

La fe en Jesús no es algo mágico, pero tampoco es algo al alcance de "sólo unos pocos". Más bien, es un estilo de vida que implica **tres voluntades**:

- *La voluntad de Dios de salvar la humanidad y darnos vida eterna.*

- *La voluntad de Jesús para ser el autor y consumador de ese plan de salvación.*

- *La voluntad de los creyentes de aceptar ese plan y vivir conforme sus estipulaciones.*

Algunos (quizás muchos) creyentes han reconocido y entendido las dos primeras, pero nunca quisieron involucrar su voluntad para completar este plan divino en sus propias vidas. Otros, sin embargo, no sólo han experimentado el plan completo, sino que enseñan a más personas cómo hacerlo.

¿Qué te quiero decir con todo esto? Que el ejercicio más espiritual que puedes hacer no es orar, ni ir a la iglesia, ni ayunar, ni predicar, ¡No! El ejercicio más espiritual que puedes hacer es involucrar tu voluntad a diario, tomar dominio sobre tus deseos viciados, y cambiar tu manera de pensar, para dejar de creer que seguir a Jesús consiste en emociones o sentimientos.

Dios ha hecho su parte. Ha diseñado un plan eterno para que nos reconciliemos con Él, y alcancemos la vida eterna a través de la salvación en Cristo. Jesús también hizo su parte. Se entregó en la cruz para que tengamos acceso al Padre y a la vida eterna. Ahora es nuestro momento de tomar acción.

Nuestra parte consiste en despojarnos del viejo hombre, es decir, romper con nuestros malos hábitos y vicios, y vestirnos del nuevo hombre, es decir, vivir en continua justicia, santidad y verdad. De esas tres cosas fluye una vida exitosa. Pero orar, ir a la iglesia, ayunar, o predicar sin renovarnos mentalmente sí que es ***Ingenuidad y Misticismo.*** Por naturaleza tendemos a responsabilizar a otros por aquello que nos corresponde, usando excusas o pretextos, pero este texto no puede ser más claro al demostrar que vivir exitosamente sólo depende de nuestra decisión.

25

Jesús le dijo: Ve, tu hijo vive. Y el hombre creyó la palabra que Jesús le dijo, y se fue.
(Juan 4:50)

Definiendo la fe

Dios es bueno y quiere bendecirnos, es una verdad absoluta. Pero muchas veces no podemos conocer sus milagros por falta de fe o por fallas en el proceso de recibirlo. Veamos cómo funciona la fe en Jesús y en qué estamos fallando.

• *Ir al encuentro de Jesús:* No podemos recibir lo que esperamos de Dios si no vamos a Él. La biblia enseña que el camino a Dios es su hijo Jesús. Este hombre comprendió esta verdad y fue hasta donde estaba Jesús.

• *Pedir lo que necesitamos:* ¡Sí! Así de simple. El hombre tenía a su hijo casi muerto y no sólo fue a contarle su problema a Jesús, sino que le pidió lo que necesitaba: **la sanidad de su hijo**.

• *Esperar y saber escuchar la respuesta:* En los versículos precedentes a éste, se desarrolla una conversación entre Jesús y este hombre, quien al final supo esperar y consiguió escuchar la respuesta que necesitaba.

• ***Creer la palabra que nos es dada por Dios en respuesta:*** Ciertamente creer no es algo que salga siempre natural, y menos en este caso en el que la manifestación de esa respuesta se encontraba a kilómetros de distancia, y no la vería hasta volver a su casa. Así mismo, creer implica saber que está hecho ya, y que será manifestado cuando enfrentemos de nuevo esa situación.

• Por último, el paso que valida todos los demás: ***actuar*** en base a la respuesta obtenida y la fe en que está hecho.

En ese momento este hombre no tenía otra forma de ***recibir*** su milagro más que tomar acción y volver a casa para ver a su hijo sano. Seguro no fue fácil el camino de vuelta a casa, pero probablemente fue muy emocionante aferrarse a la idea de ver su promesa cumplida. Al final, tuvo su recompensa y entendió que Jesús sanó a su hijo el día anterior, en el preciso momento en que recibió su respuesta.

Definitivamente la fe es lo que nos da acceso a lo eterno y sobrenatural de Dios, que se encuentra en el ámbito espiritual, pero hasta que no comprendemos estos aspectos de la fe no sabremos cómo usarla.

Ahora que ya sabes cómo opera nuestra fe en Jesús ¿Crees que tal vez hay algún paso en el que estás fallando? Si es así, prepárate para activar tu fe y recibir todo lo que necesitas de parte de Dios.

26

> *Pero cuando los hijos de Israel fueron lo suficientemente fuertes, hicieron tributario al cananeo, mas no lo arrojaron.*
> **(Josué 17:13)**

¿Qué permites?

¿Alguna vez te has sentido tan fuerte que "te das permiso" de dar espacio a cosas que sabes que no te convienen, porque crees que puedes manejarlas?

A veces llegamos a sentirnos tan fuertes que pactamos con nuestros hábitos pecaminosos, pero no los desterramos del todo de nuestra vida, como Dios lo ha ordenado. Otras veces sabemos en lo profundo de nuestro corazón que una relación sentimental con alguien que rechaza abiertamente a Dios y su palabra nos terminará alejando de nuestra fe, pero nos mentimos a nosotros mismo diciéndonos que le vamos a convencer para tomar la decisión de rendir su vida a los pies de Cristo. ¡Qué ingenuidad!

Por supuesto que debemos ser sal de la tierra y luz del mundo, y para ello no debemos aislarnos de la gente, pero sí que debemos **separarnos del mundo**, es decir, no comprometer los principios de Dios para mantener ciertas relaciones que no edifican, sino que más bien nos influencien de manera negativa.

Otro ejemplo son los hábitos o hobbies que pensamos que no influenciarán en contra de nuestra fe. Un caso muy común es cierto tipo de música que nos negamos a dejar de escuchar de manera habitual. Si caminamos por principios, entendemos que un principio básico de la fe es que "viene por el oír", y toda palabra es una semilla, de modo que, si la música que escuchamos habla sobre desamor, sexo ilícito, tristeza, desenfreno, o cualquier otro tipo de contenido no edificante, nuestra fe en Dios se irá apagando por causa del ruido de lo que escuchamos continuamente.

Si queremos vivir exitosamente, es necesario que entendamos que en muchos aspectos de la vida tenemos que ser radicales y mantenernos firmes en la decisión de guardarnos de lo que pueda volverse más fuerte que nosotros.

Es cuestión de sabiduría el entender que, si hacemos pacto con lo que no nos conviene, y nos es contrario, en el momento que se haga parte de nosotros tendrá vía libre para destruirnos desde dentro, como ocurrió con el pueblo de Israel al no desterrar sus enemigos. Si permitimos que la semilla del pecado se esconda, pero no la derrotamos, es como hacer pacto con ella, y en el futuro, cuando estemos menos fuertes, dará fruto en nuestra vida, destruyendo lo que la rodea.

27

He aquí, tú amas la verdad en lo íntimo, Y en lo secreto me has hecho comprender sabiduría.
(Salmos 51:6)

Integridad

La integridad es un rasgo del carácter que define quienes somos realmente, cuando nadie nos ve, o cuando estamos en compañía de personas muy íntimas como un cónyuge, por ejemplo. Tristemente, este rasgo del carácter se ha convertido en un gran ausente en las vidas de muchos, haciendo que vivan vidas irreales, casi "prestadas".

Basándonos en el texto del encabezado podríamos decir que la integridad es el resultado de una fórmula sencilla que suma **intimidad + verdad**. Es decir, nuestra integridad es la respuesta a la siguiente pregunta: *¿Quiénes somos verdaderamente cuando estamos a solas, o en compañía de quien nos conoce íntimamente?*

El escritor hace referencia a una relación cercana con Dios, la cual es imposible de llevar a cabo sin **intimidad** y **verdad**. Pero lo cierto es que estos mismos ingredientes son imprescindibles para tener relaciones personales exitosas.

Ahora bien, nuestra relación con Dios es la impulsora y modelo de todas nuestras demás relaciones, por lo tanto, es necesario que aprendamos a desarrollarla sin escudos, barreras, palabras pretenciosas o acciones que le deshonran.

¿Cuál es el producto de vivir íntegramente? El alcanzar sabiduría, la cual es el camino indiscutible al éxito en la vida. En otras palabras, una persona realmente **exitosa** actúa con **sabiduría**, lo cual es el reflejo público de una vida **íntegra** en la intimidad; una vida que camina en **verdad**.

La premisa subyacente en este libro es la de que el éxito no es algo que se alcanza, sino que es una manera de vivir, aplicado a todas las áreas de la vida. Bien, pues basándonos en este fundamento, la manera más acertada de vivir exitosamente es actuando con sabiduría, siendo personas prudentes y pacientes, pero, sobre todo, verdaderas e íntegras.

Una persona íntegra es digna no sólo de la confianza de Dios, sino de sus seres queridos, compañeros de trabajo o jefes, sus autoridades espirituales, etc. Pero ser íntegro no significa ser perfecto, simplemente es tener la actitud correcta a solas y frente a los demás, con un corazón lleno de Dios para relacionarnos con ellos. Por tanto, si quieres vivir exitosamente practica la verdad, ten intimidad con Dios, sé una persona íntegra, y adquirirás la sabiduría para vivir exitosamente.

28

> *Todo tiene su tiempo, y todo lo que se quiere debajo del cielo tiene su hora:*
> **(Eclesiastés 3:1)**

Cuida tu recurso más valioso

Te preguntarás: *"¿Y cuál es ese recurso tan valioso que debo cuidar?"* Seguramente muchos creen que su recurso más valioso es su dinero (parecería muy obvio), otros pensarán que es su inteligencia (no está mal), otros tal vez sus habilidades, y así podríamos describir un extenso etcétera de opiniones.

Pero lo cierto es que el recurso más valioso de toda persona es **su tiempo**. ¡Sí! es tu tiempo lo que más valor tiene, y te voy a explicar por qué.

Verás, el tiempo es tu recurso más valioso simplemente porque una vez que lo usas, es lo único que nunca podrás recuperar. A diferencia del dinero, que puedes perderlo y recuperarlo, o la salud que si se deteriora siempre tiene posibilidad de recobrarse, el tiempo no, el tiempo es irrecuperable.

Nunca podrás volver a vivir lo que ya has vivido. Nunca podrás recuperar el tiempo perdido. Nunca podrás tomar la decisión que debiste haber tomado y no lo hiciste. Así que algo que no se puede recuperar parece realmente valioso y digno de ser cuidado, ¿no crees?

Por eso, es importante que cuides bien el uso que le das a tu tiempo. Un refrán muy conocido dice que *"El tiempo es oro"*, pero yo soy de los que opinan más bien que *"El tiempo es vida"*, y la vida vale infinitamente más que el oro.

Quiero que cada día, empezando desde hoy, antes de comenzar tus actividades cotidianas, pienses en esto: ***"Tu vida, hoy en día, es el resultado de lo que decidiste hacer con tu tiempo hasta este momento."*** Y con esto en mente quiero que te preguntes: ¿Le has dado el valor que merece? ¿Has sido buen administrador de tan precioso recurso?

Porque una vida exitosa es, en definitiva, un tiempo bien aprovechado, que da lugar a un tiempo de gozo, deleite, y cumplimiento de propósitos.

Tienes en tus manos cada día un recurso más valioso que cualquier otro, y debes aprender a usarlo correctamente, invirtiéndolo primero en tu relación con Dios, luego con tu familia (la más alta calidad siempre), y por supuesto en tu propósito para dejar un legado.

Algo maravilloso del tiempo es que cada persona tiene la misma cantidad cada día, de modo que es también el recurso más equitativo que tenemos, así que ¡úsalo bien!

29

> *Pero sea vuestro hablar: Sí, sí; no, no; porque lo que es más de esto, de mal procede.*
> **(Mateo 5:37)**

Intención o decisión

A lo largo de mi vida he podido comprobar de manera repetida que el ser humano, por naturaleza, tiende a querer emprender o comenzar un proyecto con mucha facilidad, pero muy pocas veces logra aquello que se propuso. Esto es aplicable a cualquier área de la vida, como una carrera universitaria, una relación sentimental, o incluso algo tan sencillo como hacer ejercicio.

Muchos fallamos en aquello que comenzamos, y la pregunta que surge es: "¿Cuál es el punto que tenemos todos en común para no alcanzar nuestras metas?". La respuesta es sencilla; tenemos la intención, pero no el compromiso.

La intención es el impulso o deseo natural del ser humano por hacer algo que marque una diferencia, o supla una necesidad de autosatisfacción por lograr algo, pero la intención no es suficiente.

Normalmente, la intención está basada en una emoción, lo cual no es un buen fundamento para emprender nada, pues las emociones tienen una fecha de caducidad muy próxima.

Hay un dicho muy conocido que dice "La intención es lo que cuenta", pero en mi opinión esa es una frase diseñada para mitigar la frustración que surge por no haber cumplido aquello que nos propusimos.

Es necesario tomar una decisión de llegar hasta el final en aquello que queremos lograr, es decir, es necesario un mínimo nivel de COMPROMISO. Pero, aunque la intención es algo común e intrínseco a todos los seres humanos, es de destacar que el compromiso NO lo es.

El compromiso es la decisión firme de hacer aquello que nos hemos propuesto, basado en una convicción estable y permanente en el tiempo, hasta el momento en que lo hayamos conseguido. Es la base una relación exitosa, un negocio exitoso… ¡una vida exitosa!

Nadie que se pueda definir como una persona exitosa en la vida habrá llegado a ese status sin haberse comprometido con su causa, ya sea esta el trabajo, los negocios, la familia, un ministerio, etc.

La intención es la mecha que enciende el fuego, pero el compromiso es el oxígeno que lo mantiene encendido, así que hoy es el momento de que pases a la acción.

¡Convierte hoy tus intenciones en decisiones!

30

> *No haréis como hacen en la tierra de Egipto, en la cual morasteis; ni haréis como hacen en la tierra de Canaán, a la cual yo os conduzco, ni andaréis en sus estatutos.*
> **(Levítico 18:3)**

Mantente firme

La vida está llena de retos, pero la vida del cristiano lo está aún más. Ciertamente dejar atrás una vida de pecado, llena de vicios, malos hábitos, libertinaje y fuera de gobierno, puede parecer totalmente imposible. Pero es que, además, una vez que comenzamos nuestro caminar como cristianos, enfrentaremos críticas, persecuciones, y el peligro de la religiosidad, misticismo, carnalidad, etc.

Una vez que fuimos rescatados por Dios de una vida de pecado, hemos dejado atrás "los deseos engañosos a los que estábamos viciados" y no debemos volver a esa vida de pecado. Pero, además, debemos ser cuidadosos de no adoptar costumbres de personas que vamos encontrando por nuestro camino o ministerio, o de los lugares donde Dios nos lleva. Es decir, no podemos amoldar el evangelio a las tradiciones humanas. Pero si caminamos con visión, y recordando de donde fuimos rescatados, evitaremos esta conducta errónea. Es en esta situación cuando cobra sentido lo que dice la palabra de Dios cuando afirma que "el justo por la fe vivirá" y que "andamos por fe, no por vista".

Es necesario que activemos nuestra fe para acceder a la obra terminada de Jesús, y vestirnos del nuevo hombre, creado según Dios en la justicia y la santidad de la verdad (Vea Efesios 4:24). Es decir, para poder romper con nuestra vida pasada, pero no en nuestras fuerzas, sino de la mano de Dios. De otro modo fracasaremos, pues los enemigos de nuestra fe (la carne, el mundo, y el diablo) son más fuertes que nosotros.

Así mismo es necesario caminar en fe para mantenernos cortantes en el espíritu, caminando en propósito, y evitando caer en la religiosidad, los métodos y tradiciones humanas, etc.

La única alternativa para evitar volver atrás o caer en "*la levadura de los fariseos*" (Vea Mateo 16:5-12) es mantenernos firmes en la decisión de seguir a Jesús, comprometidos con nuestro propósito, y confiando en Él, en lugar de confiar en nuestras propias fuerzas, pues sólo seremos realmente victoriosos cuando vamos de su mano y seguimos su guía y dirección para cada decisión que debemos tomar.

Sigue caminando hacia tu tierra prometida, pero cuídate de no convertirla en el lugar de tu derrota.

31

¿Por qué debemos edificar?

Edificar es aportar valor cuando decimos algo o interactuamos con los demás.

Seamos o no creyentes, es nuestra responsabilidad edificar a los demás con lo que decimos de ellos. Podríamos decirlo de la siguiente manera:

"Si no tienes nada bueno que decir, no digas nada"

Esta afirmación es muy cierta, y nos revela una gran verdad: Que es mejor evitar la crítica, murmuración, palabras ofensivas o de juicio, que no aportan valor a los demás, y menos a nosotros mismos.

De hecho, la forma en que nos dirigimos hacia los demás, o lo que decimos de ellos, habla más de nosotros mismos que de ellos, puesto que revelamos lo que tenemos dentro a través de nuestras palabras.

También la corrección que nace de una intención correcta es otra forma de edificar a los demás, porque les ayuda ser conscientes de aquello en lo que fallan y que pueden mejorar. Muchos confunden corrección con crítica o murmuración, pero la diferencia está en que una corrección es la que se le transmite directamente a la persona exponiendo los beneficios de cambiar de actitud, mientras que una crítica suele hacerse estando la persona ausente, por lo que es imposible que le ayude a crecer.

En otras reflexiones hemos descrito la importancia de nuestras palabras, las cuales son frutos que se alimentan de nuestro corazón, pero que a su vez son semillas que sembramos en el corazón de quien las oye. Así que, edificar es hablar palabras que aporten valor a los oyentes y les afirmen. El producto de esto es que reciban gracia, pero a su vez, nuestro corazón se limpia de todo lo que lo contamina.

Lo que hablamos es un reflejo de lo que somos por dentro. Jesús lo describió magistralmente al enseñar que lo que contamina al hombre no es lo que entra por la boca, sino lo que sale por ella, pues del corazón sale. Por tanto, cuando nuestras palabras son edificantes de continuo, los beneficiados no sólo serán aquellas personas a quienes afirmemos, sino nosotros mismos también.

Por todo esto, te exhorto a que revises tu corazón para ver qué es lo que aportas a los demás, y cómo te diriges hacia ellos, pues lo que dices habla más acerca de ti mismo de lo que te crees.

32

> *Come, hijo mío, de la miel, porque es buena, Y el panal es dulce a tu paladar. Así será a tu alma el conocimiento de la sabiduría; Si la hallares tendrás recompensa, Y al fin tu esperanza no será cortada.*
> **(Proverbios 24:13-14)**

Conocimiento y sabiduría

¿Por qué es tan importante crecer en conocimiento? Bueno, en el texto anterior podemos ver sólo algunas de las razones o fundamentos vitales para darle la importancia que merece.

Lo primero es que el conocimiento es comparable con un alimento dulce, sano, natural y beneficioso para la salud como la miel. Ésta debe pasar un proceso hasta llegar al punto de ser apta para su consumo, y este proceso implica el trabajo continuo de la abeja.

Así mismo, cuando aprendemos de alguien más, de un mentor, de un anciano, de un maestro, de alguien con experiencia, estamos disfrutando de la miel del conocimiento producido por ese aprendizaje, y los mayores beneficiados seremos nosotros.

Por otro lado, el conocimiento nos conducirá hacia la sabiduría, que es el medio por el cual sabremos cómo aplicar lo aprendido en las situaciones que se requiera, de la forma correcta. Sin esta, el conocimiento es estéril, incompleto y vano.

Esta sabiduría, según el libro de los proverbios, es personificada por Jesús, el hijo de Dios.

Por último, la sabiduría para aplicar el conocimiento nos traerá recompensa, la recompensa del bien hacer y del fundamento estable para tomar las decisiones más importantes de la vida. La recompensa al esfuerzo y al trabajo bien hecho. La recompensa (en Jesús) por su obra terminada en la cruz, de la **vida eterna**.

Así que vivamos de tal manera que cada día aumente nuestro conocimiento, ya sea aprendiendo de otros con más experiencia, o a través de nuestras propias experiencias, pero buscando siempre crecer en sabiduría, es decir, que de todo lo que experimentemos, seamos capaces de sacar el máximo partido para superar las próximas situaciones donde se requiera sabiduría, como los conflictos familiares, decisiones importantes, nuestras finanzas, etc.

No menospreciemos el valor del conocimiento y la sabiduría, mas busquémoslas de continuo, pues nos abrirán el camino a una vida de plenitud y éxito.

33

> *Entrad por sus puertas con acción de gracias,*
> *Por sus atrios con alabanza; Alabadle, bendecid*
> *su nombre.*
> **(Salmos 100:4)**

La llave del agradecimiento

¿Sabías que el hecho de dar gracias cambia algo dentro de ti, que te prepara para recibir nuevas bendiciones y beneficios, y te ayuda a afrontar tu día de una mejor manera? ¡Sí! Aunque no lo pareciera, ser agradecidos puede ser un ejercicio de salud mental, emocional y física muy beneficioso, puesto que hace que nuestra actitud cambie, y nuestro estado de ánimo mejore.

En el ámbito espiritual, las personas agradecidas tienen acceso a puertas abiertas y conexiones divinas que traen bendición y prosperidad a sus vidas. Un ejemplo de ello es Jesús, quien atrajo la bendición física de Dios el padre, cuando recibió una pequeña ofrenda de panes y peces, los levantó al cielo dando gracias, y vino la multiplicación de lo que tenía en sus manos, que llegó a alimentar a una multitud de miles. También la acción de gracias es comparable a una llave maestra que te abrirá puertas allá donde vayas con las personas que te rodean y que nunca sabes cómo llegarán a bendecir tu vida. Así mismo, cuando uno manifiesta una actitud desagradecida, hay oportunidades y conexiones con personas que nos hubiesen podido bendecir, a las cuales cerramos la puerta de un bandazo.

Es por esto precisamente que la acción de dar gracias con una llave, la cual tiene el poder de abrir puertas y conexiones a relaciones beneficiosas para una persona, y al mismo tiempo, cuando no se tiene, mantiene esas mismas oportunidades cerradas y bloqueadas.

¿Te has topado con alguien desagradecido? ¿Alguna vez has sido decepcionado por una persona a quien ayudaste, y que su actitud en respuesta fue impropia, falta de agradecimiento y altiva? Seguro que tu respuesta lastimosamente sea "Sí". Ahora permíteme preguntarte ¿Con qué imagen te quedaste de esas personas? Y ¿Cómo te sentiste con esa actitud?

Es verdad que todos nos hemos encontrado alguna vez con personas así, y que esta actitud nos afecta a todos de igual forma, haciéndonos sentir decepcionados, airados o enojados. Esa es la huella que deja la falta de agradecimiento de una persona. Ahora permíteme que te haga la siguiente pregunta: ¿Alguna vez has sido tú la persona desagradecida? ¿Habrá alguna puerta que está cerrada en tu vida por causa de esto? Si es así, te invito a que uses desde hoy la llave del agradecimiento.

34

Al día siguiente, cuando salieron de Betania, tuvo hambre. Y viendo de lejos una higuera que tenía hojas, fue a ver si tal vez hallaba en ella algo; pero cuando llegó a ella, nada halló sino hojas, pues no era tiempo de higos. Entonces Jesús dijo a la higuera: Nunca jamás coma nadie fruto de ti. Y lo oyeron sus discípulos.
(Marcos 11:12-14)

Apariencias

Una vez más vemos un ejemplo agrícola para representar situaciones de la vida del creyente. En esta ocasión podemos ver una enseñanza que nos previene de la tentación de querer aparentar lo que no somos ni tenemos, pues cuando lo hacemos, creamos falsas expectativas en los demás acerca nuestro, y nos convertiremos en una farsa. La función principal de una higuera es, al igual que sucede con nosotros, dar fruto. En el caso de la higuera, se espera de ella que produzca higos.

Hasta aquí no hay nada fuera de lo normal. Pero vemos en el texto dos aspectos cruciales a tener en cuenta para comprender la actitud de Jesús hacia la higuera.

- **No era tiempo de higos:** Todo tiene su tiempo.

- **Tenía hojas:** Las apariencias pueden engañar.

Cuando Jesús vio la higuera, de lo primero que se dio cuenta es de que tenía hojas, es decir, aparentaba estar lista para dar fruto. Aun así, Jesús sabía que no era el tiempo de dar fruto, pero como daba la impresión de estar lista porque tenía hojas, fue a ver.

Esto es lo que pasa cuando queremos saltarnos los procesos que nos preparan para ser efectivos y dar fruto, que aparentamos lo que no somos, y finalmente saldrán a luz nuestras carencias, pues muchos vendrán a verlo, o se nos asignarán tareas para las que no estamos preparados, y terminaremos expuestos.

No es malo no dar fruto cuando aún es pronto para ello, lo malo es querer adelantarse a los tiempos y procesos, o lo contrario, que llegue el tiempo en que ya debamos dar fruto, es decir, tener resultados, y no hacerlo.

Las consecuencias de este tipo de actitudes serán:

- *Dios manifiesta nuestra verdadera condición.*
- *Activamos la maldición de la improductividad.*

Finalmente, Jesús, al darse cuenta de que la higuera quería aparentar lo que aún no era ni tenía, la hizo secar y quedarse estancada en su estado verdadero, además de manifestar su verdadera condición.

35

<blockquote>
Jesús le dijo: Si puedes creer, al que cree todo le es posible.
(Marcos 9:23)
</blockquote>

No puedes: ¿Lo crees o lo sientes?

Todos tenemos retos en la vida que debemos superar para crecer, avanzar y madurar. Conforme el tiempo pasa, y entramos en nuevas etapas de la vida, estos retos se hacen cada vez mayores y más trascendentales, por lo que debemos estar preparados continuamente para el siguiente nivel de dificultad que nos encontraremos, pues detrás de éste, se encuentra el mayor nivel de gloria y victoria que hayamos experimentado.

Pero en este punto hemos de discernir qué es lo que nos puede detener en nuestro camino a la meta, el sentimiento o la falta de fe y expectativa. Lo cierto es que la diferencia entre ambas es crucial, y determinará nuestro éxito a la hora de afrontar el camino de la vida en cada una de las áreas que la componen.

Si lo que sucede es que sentimos que no podemos con algo, entonces el problema es menor, porque siempre nos acompañará el sentimiento de incertidumbre y duda a la hora de enfrentarnos a lo nuevo, pero si aún tenemos la convicción y determinación de conseguirlo, ese sentimiento o emoción no prevalecerá, sino que será una catapulta sobre la cual impulsarnos y superarnos.

Sin embargo, no sucede lo mismo si creemos que no vamos a poder. El creer es más que una mera emoción o sentimiento, sino que es un pensamiento arraigado en lo profundo de nuestro ser interior, que se encargará de sabotearnos de forma activa en el momento que tenemos que decidir avanzar o superarnos.

Alguien dijo en una ocasión:

El valiente no es el que nunca tiene miedo, sino aquel que, a pesar de sus miedos, actúa.

Y es que es cierto que las emociones como el temor, la duda, la vergüenza, y otras tantas emociones negativas, forman parte de la psique y la naturaleza humanas, pero son fáciles de superar cuando de lo más profundo de nuestro interior surge la determinación que nace de la fe, que por definición es una certeza de lo que esperamos alcanzar, y una convicción total de lo que esperamos ver.

Así que reflexiona en este momento, y date cuenta si es mayor tu fe que tus emociones, porque si sientes que no puedes, aún calificas para la victoria, pero si crees que no puedes, ya has sido derrotado.

36

> *Le dijo el ángel: Cíñete, y átate las sandalias. Y lo hizo así. Y le dijo: Envuélvete en tu manto, y sígueme.*
> **(Salmos 38:20)**

Éxito y compromiso

¿Por qué sugerir que algo que todos necesitamos tanto como el éxito, se esconde o encuentra detrás de algo de lo que tantos huyen como el compromiso?

El compromiso puede definirse de muchas formas, pero una de las más acertadas sería *"La capacidad para cumplir con nuestras responsabilidades"*

Entonces, quiere decir que necesitamos conocer nuestras responsabilidades para poder cumplirlas, y entonces llegar al éxito, ¿No? ¡Exacto! Hasta que no entendemos cuales son nuestras responsabilidades, no podremos acertar a la hora de llevarlas a cabo, y entonces habremos sucumbido al fracaso mayor, el de no cumplir nuestro propósito.

Nuestra mayor responsabilidad es conocer y llevar a cabo nuestro propósito en la tierra, porque para eso fuimos diseñados y puestos en ella, pero para poder hacerlo, debemos comprometernos a descubrir nuestro llamado y tomar las acciones necesarias para llevarlo a cabo. Por esto podemos decir que nuestro éxito se encuentra detrás de nuestra capacidad de comprometernos.

Hemos hablado mucho sobre propósito y llamado, pero ¿Qué son realmente? Bien, vamos a explicarlos.

- **El propósito** es la intención original para la cual alguien o algo es creado. Es el sentido de esa persona, el "para qué" está en la tierra.

- **El llamado** es la invitación que Dios nos hace a llevar a cabo ese propósito, una vez que nos conectamos de nuevo con Él, a través de Jesucristo.

Así como vemos en el texto del encabezado, el ángel usa el imperativo de los verbos ceñir, atar, envolver y seguir. Es decir, está dando una directriz, un comando, o una orden, las cuales invitan a la persona a quien están dirigidas, a cumplir una tarea, un llamado, etc.

Lo peculiar que tiene nuestro propósito y llamado es que, aunque provienen de Dios y ya han sido preparados en la eternidad para que los llevemos a cabo en la tierra, no es sino hasta que nos comprometemos a llevarlos a cabo, que ven la luz.

Por eso te invito a comprometerte con tu propósito y aceptes tu llamado. Esta es la única forma de que se cumpla, es decir, de que vivas exitosamente, pues el éxito siempre tiene que ver con propósito.

37

> *Antes bien, creced en la gracia y el conocimiento de nuestro Señor y Salvador Jesucristo. A él sea gloria ahora y hasta el día de la eternidad. Amén.*
> **(2ª Pedro 3:18)**

Crecer en conocimiento

La definición de conocimiento pasa por conceptos como "Acción y efecto de conocer" o "Entendimiento, inteligencia, razón natural", y se encuentra directamente relacionado con un concepto elemental "la sabiduría". Podríamos definir esta última como la habilidad de aplicar el conocimiento correctamente. Es decir, el conocimiento es una herramienta vital si se quiere vivir y actuar sabiamente, y caminar así inevitablemente hacia el éxito.

Todo lo que se quiera hacer bien requiere de un nivel de conocimiento óptimo, el cual se obtiene a través de la preparación, el estudio y mayormente la experiencia, pero siempre con una única intención, aplicarlo correctamente. De hecho, probablemente el fracaso estrepitoso que sufre nuestra sociedad actual deriva de su falta de conocimiento sobre las áreas más importantes de la vida como el matrimonio, la familia, la conducta social, o las relaciones personales.

Hoy en día el conocimiento adquirido por la humanidad durante siglos en cuanto a principios morales, de conducta, de convivencia y de relación con su creador, ha sido sustituido por el entretenimiento y la autocomplacencia, levantando generaciones sumidas en la ignorancia sobre lo más importante en la vida, y distraídas por nuevas tendencias que, en nombre de la tolerancia, destruyen los cimientos de la sociedad.

¿Qué es la depresión? Es el producto de desconocer el propósito y del valor que nos dio el sacrificio de Jesús por la humanidad.

¿Qué es el estrés? Es el producto de la falta de conocimiento de la paz de Dios, que sobrepasa todo entendimiento.

¿Qué es la maldad? Es el producto de la falta de conocimiento de nuestro diseño y de nuestro creador, que es bueno en Sí mismo.

¿Por qué tantas personas no pueden perdonar? Porque no conocen el amor eterno y perfecto de Dios, que cubre multitud de errores y nos ayuda a perdonar.

¿Por qué ha aumentado exponencialmente el índice de divorcios en los últimos años? Por la falta de conocimiento que tienen las personas sobre la institución del matrimonio y su diseño divino. Y así, tantos y tantos fracasos que viven millones de personas

a diario; personas con falta de conocimiento sobre las cosas más valiosas.

Por eso ahora tenemos niños expertos en nuevas tecnologías, pero ignorantes sobre valores como el respeto o la paciencia. Jóvenes sobreexpuestos a contenidos multimedia vacíos, pero ignorantes sobre las bases para tomar las decisiones que marcarán sus vidas. Adultos experimentados en relaciones vanas y fracasadas, pero muy poco preparados para la decisión de morir voluntariamente en el altar, y entrar así correctamente en el pacto matrimonial. Miles de personas que no tienen conocimiento sobre su diseño, y lo quieren "corregir" con cirugías e ideologías que están de moda, etc.

Por todo esto, tenemos la necesidad y la responsabilidad de crecer en el conocimiento que nos llevará a pensar, actuar y vivir correctamente, honrando a nuestro creador a través de honrarnos a nosotros mismos como su creación, y a las generaciones venideras como el legado que debemos dejar. Para ello hay una fuente inagotable de conocimiento, a la cual podemos y debemos acudir, cuando no sepamos cómo actuar en algún área de nuestra vida. Esa fuente es Dios (Vea Proverbios 2:6) Así que un encuentro con tu diseñador te llevará a tener un encuentro contigo mismo/a, y entonces adquirirás el conocimiento que te llevará a vivir sabia y exitosamente.

38

> *No os conforméis a este siglo, sino transformaos por medio de la renovación de vuestro entendimiento, para que comprobéis cuál sea la buena voluntad de Dios, agradable y perfecta.*
> **(Romanos 12:2)**

5 claves para el éxito

La vida es un proceso de crecimiento, aprendizaje y perfeccionamiento, en el cual cada área requiere un proceso de madurez que nos lleve a ser exitosos en ésta, y sólo cuando vamos ganando esas pequeñas batallas, alcanzaremos el anhelado ***éxito integral***.

¿Éxito integral? Te preguntarás. ¡Sí! Porque podemos alcanzar el éxito en algún área, pero tal vez ese éxito nos cueste un fracaso estrepitoso en otra.

Un ejemplo muy cotidiano es el de los maridos o esposas que se centraron tanto en sus empresas o empleos, que terminaron descuidando su matrimonio e hijos, y resultan siendo unos empleados o empresarios exitosos, pero unos fracasados en lo referente a la familia. O también quienes alcanzan fama y status social, pero su carácter está destruido porque son vengativos, envidiosos, altivos, etc.

De modo que necesitamos conocer una fórmula que aplique a todas las áreas donde queramos alcanzar el éxito, para que éste sea integral. Bien, según el texto del encabezado, el proceso para alcanzar el éxito consiste en los siguientes 5 pasos:

- **Sacrificio:** Nunca estaremos preparados para lograr nada en la vida si no estamos dispuestos a hacer sacrificios para conseguirlo. Pero debemos ser conscientes de que un sacrificio es la muerte voluntaria a algo que está vivo, como un hábito o relación, y, por lo tanto, será difícil de entregarlo y dolerá.

- **No conformarse:** Conformarse es adoptar la forma o molde que se nos impone desde fuera, además de la pérdida de fe, ilusión y esperanza de un futuro mejor. Directamente, cuando una persona se conforma a su situación, ya ha fracasado en esa área.

- **Renovar la mente:** Renovar tiene el sentido de volver al diseño o intención original con la que algo fue creado. Por tanto, la renovación de la mente implica volvernos a nuestro creador y adoptar sus patrones de pensamiento, para recibir su fe y avanzar. Una mente no renovada es una mente que no es capaz de albergar los planes que debe desarrollar para ser exitosa.

- **Ser transformado:** La transformación implica más que un mero cambio, sino que afecta nuestra propia naturaleza. Ser transformados es avanzar de manera irreversible hacia nuestra victoria, dejando atrás actitudes negativas, relaciones tóxicas y limitaciones mentales. Pero nunca seremos transformados hasta que primeramente no renovemos la mente, porque todo comienza por cómo pensamos acerca de nuestro creador, de nosotros mismos y de lo que nos rodea.

- **Comprobar la voluntad de Dios:** El mayor éxito que un ser humano puede experimentar es conocer, comprobar y caminar en la voluntad de su creador. ¿Por qué? Porque Él mejor que nadie conoce lo que nos conviene, lo que somos capaces de hacer y hasta dónde podemos llegar. Cuando una persona se encuentra con la voluntad de Dios, se encuentra con su propósito en la tierra, y ya sólo puede caminar el camino correcto para alcanzarlo. ¡Ese es el éxito integral!

Ya sea en tu relación con cualquier familiar, tus jefes, tus compañeros de trabajo, tus socios, tus maestros, en tus negocios, en tu vida financiera, en tu vida emocional o sentimental, sea donde sea, aplica estos 5 pasos y camina victorioso, de éxito en éxito, aprendiendo, creciendo y siendo perfeccionado.

102

39

¿Y quién es aquel que os podrá hacer daño, si vosotros seguís el bien?
(1ª Pedro 3:13)

Seguir el bien

¡Qué difícil es "ser bueno" hoy en día! ¿No? La triste realidad es que cada vez aumentan los casos de violencia, traiciones, engaños, robos, estafas, adulterios, y un largo etcétera.

Sin embargo, las escrituras nos invitan continuamente a buscar y seguir el bien. Y no sólo como un mandato, sino como un consejo sabio, para poder ser alcanzados por los beneficios que conlleva.

Uno de estos beneficios de seguir el bien es la protección ante los ataques o persecuciones de las cuales podemos llegar a ser objeto, mientras buscamos vivir una vida honrosa delante de Dios, en medio de un mundo y una sociedad caídos y pervertidos.

Según el texto bíblico, la consecuencia de seguir el bien es la anulación total del poder destructivo de cualquier ataque en nuestra contra, no dejando lugar a la duda al decir "¿Y quién es aquel que os podrá hacer daño, si vosotros seguís el bien?"

Aprender a vivir exitosamente es nuestro objetivo al leer este libro, de modo que es necesario conocer las claves para desarrollar una vida exitosa, y esta es una de ellas: *"Hacer el bien nos previene de ser dañados de forma definitiva"* Aunque es cierto que no todo el mundo sabe pagar bien con bien, es más, hoy en día esa actitud escasea al punto de que por muy bien que nos comportemos con otros, terminamos siendo constantemente traicionados, engañados, y, en definitiva, heridos o dañados emocionalmente.

Pero este texto no se refiere a este tipo de daños, pues son inevitables, sino más bien a una destrucción total de lo que realmente importa como el propósito, el matrimonio, la familia, o la vida eterna.

Está claro que cuando buscamos activamente hacer el bien a los demás, pero con un corazón genuino y sincero, no hipócrita ni egoísta o que actúa con intenciones incorrectas; o cuando buscamos la guía de nuestro creador para dirigir nuestros pasos y decisiones, estaremos levantando una muralla de protección alrededor de nuestras propias vidas y hogares, pues como dice la escritura "…quien busca, halla…" y si buscamos el bien, lo hallaremos.

Piensa en esto: La única arma efectiva contra el odio es el amor; la única arma efectiva contra la oscuridad es la luz; y ambas están disponibles para nosotros cuando seguimos el bien, es decir, cuando seguimos a Jesús. Así que ¡en Él tienes victoria!

40

> *Vosotros sois la luz del mundo; una ciudad asentada sobre un monte no se puede esconder. Ni se enciende una luz y se pone debajo de un almud, sino sobre el candelero, y alumbra a todos los que están en casa. Así alumbre vuestra luz delante de los hombres, para que vean vuestras buenas obras, y glorifiquen a vuestro Padre que está en los cielos.*
> **(Mateo 5:14-16)**

La luz del mundo

La iglesia de Jesucristo, es decir, todo creyente, tiene la responsabilidad de ser luz al mundo, y al decir mundo, se refiere a aquellos que no conocen la verdad del evangelio, influenciados o gobernados por las corrientes de pensamiento que son contrarias a Dios y sus principios.

El modelo de iglesia original nunca fue el de encerrarse en templos, aislarse, recluirse, o esconderse, sino el de mostrarse al mundo, salir de las congregaciones para infiltrarse en las esferas de influencia de nuestra sociedad. Sin embargo, hoy en día, gran parte de las tinieblas espirituales que cubren nuestra sociedad son culpa de una iglesia dormida, encerrada, recluida y con temor.

Entonces ***¿Cómo ser luz al mundo?*** En 2ª Corintios 4:3-6 vemos que el mensaje del evangelio es el que trae luz al ciego, así que debemos predicar este evangelio, pero no sólo con palabras, sino con nuestro testimonio, porque, aunque puedes enseñar lo que aprendas, sólo vas a impartir o transmitir lo que realmente eres. Además, las personas creen más en lo que haces que en lo que dices.

Ahora bien, es cierto que no todos tienen la capacidad, el tiempo o la osadía de salir a predicar en las calles, pero sí tenemos la responsabilidad de ser luz donde vayamos (Trabajo, instituto, familia, etc.)

Cuando manifestamos el carácter de Cristo al mundo, (Bondad, humildad, amor, paciencia, mansedumbre, etc.) estamos mostrándoles quién es Él, y la palabra de Dios dice de Jesús que él es la luz. Por tanto, para iluminar al mundo debemos manifestar a Jesús, sus obras y, sobre todo, su carácter (Vea Juan 12:44-46)

Para el mundo, la luz representa su salvación (Vea 1ª Pedro 2:9) y nosotros los creyentes somos los responsables de presentarles esa luz, siendo el reflejo de lo que creemos y predicamos, a través de la manifestación de quienes somos.

A partir de hoy te invito a salir cada día a reflejar la luz del evangelio que es salvación a quienes no creen.

41

La luz para caminar en el mundo

Una vez que pasamos de las tinieblas a la luz, debemos caminar en luz, vivir en luz, ser llenos de esa luz e iluminar a otros. Esta es una indispensable para vivir exitosamente, aportar luz a donde quiera que vayamos, y a quienquiera que nos encontremos en el camino, pero para esto, primeramente, tendremos que ser llenos de esa luz y permitir que fluya de dentro hacia fuera.

Sin embargo, seguramente ya habrás comprobado que vivir una vida que honra a Dios en medio de un mundo caído como el mundo en que vivimos es una tarea difícil y muy sacrificada. Por eso requiere de:

a) Comunión e intimidad con Dios (1ª Juan 1:5-7): Al decir "la luz para caminar en el mundo" me refiero a los fundamentos y principios de comportamiento que nos guíen para vivir una vida que honre a Dios y cumplir nuestro propósito. Pero para conseguirlo, necesitamos desarrollar una relación cercana con Dios, la cual produzca como resultado que tengamos cosas en común con Él. A esto se refiere la palabra comunión.

b) Una continua llenura de la palabra de Dios (Proverbios 6:23): Para caminar en luz primero tenemos que recibirla a través de la lectura de la biblia.

c) Cuidar lo que perciben nuestros sentidos naturales (Lucas 11:33-36): Lo que sucede a nuestro alrededor es un reflejo de nuestro interior, el cual se alimenta de lo que vemos, oímos, tocamos, etc.

d) Un arrepentimiento (Cambio de mentalidad y forma de actuar) genuino (Efesios 5:1-17): Sólo cuando cambiamos nuestra manera de pensar somos capaces de cambiar nuestra manera de vivir. Por esto, vivir en luz implica vivir siendo transformado a diario.

e) Caminar en el amor de Dios (1ª Juan 2:8-11): Desde luego la única arma efectivo contra el mal que reina en el mundo es el amor. Cuando recibimos el amor de Dios podemos caminar guiados por su luz.

Así que tener la luz necesaria para caminar en el mundo consiste en tener dos cualidades indispensables que son integridad y santidad. Integridad porque tiene que ver con nuestro carácter y quiénes somos realmente, y santidad porque nos hace ser diferentes y apartados del pecado y el mundo, y separados para ser usados por Dios y bendecir a otros (Vea Génesis 1:3-4)

42

Entonces el reino de los cielos será semejante a diez vírgenes que tomando sus lámparas, salieron a recibir al esposo. Cinco de ellas eran prudentes y cinco insensatas. Las insensatas, tomando sus lámparas, no tomaron consigo aceite; mas las prudentes tomaron aceite en sus vasijas, juntamente con sus lámparas. Y tardándose el esposo, cabecearon todas y se durmieron. Y a la medianoche se oyó un clamor: ¡Aquí viene el esposo; salid a recibirle! Entonces todas aquellas vírgenes se levantaron, y arreglaron sus lámparas. Y las insensatas dijeron a las prudentes: Dadnos de vuestro aceite; porque nuestras lámparas se apagan. Mas las prudentes respondieron diciendo: Para que no nos falte a nosotras y a vosotras, id más bien a los que venden, y comprad para vosotras mismas. Pero mientras ellas iban a comprar, vino el esposo; y las que estaban preparadas entraron con él a las bodas; y se cerró la puerta. Después vinieron también las otras vírgenes, diciendo: ¡Señor, señor, ábrenos! Mas él, respondiendo, dijo: De cierto os digo, que no os conozco. Velad, pues, porque no sabéis el día ni la hora en que el Hijo del Hombre ha de venir.

(Mateo 25:1-13)

La luz para la 2ª venida de Jesús

Según el texto que acabamos de leer, ¿Para qué se usa una lámpara? ¡Para dar luz! y en este caso, una luz cuya fuente de ignición proviene del aceite que hay en ella. El aceite representa el Espíritu Santo, quien tiene, entre otras muchas funciones o aspectos de su naturaleza, la de encendernos, avivarnos y prepararnos para el día de nuestro encuentro cara a cara con Jesús.

Así que queda claro que la unción del Espíritu Santo es la que marca la diferencia entre los que se irán con Jesús, y los que no lo harán; o sea, entre los que están preparados para su venida, y los que no lo están.

¿Cómo nos mantenemos encendidos hasta el día de su venida? (1ª Tesalonicenses 5:4-6)

La respuesta es tan clara como sencilla: Debemos velar y orar. Jesús no viene por una iglesia dormida, sino avivada, encendida, iluminada, con pasión, fuego y poder, y todo esto es producto de una vida de continua oración y llenura del Espíritu Santo.

¿Cómo sabemos que estamos encendidos, y que nuestra lámpara tiene aceite? (Isaías 42:6-7)

Por la obra del Espíritu en nosotros y a través de nosotros, por sus frutos en nuestra vida, y por las marcas inconfundibles de su unción y poder.

¿Qué futuro le espera a la iglesia despierta y que espera al novio?

Lo podemos leer claramente en Apocalipsis 22:5: *"No habrá allí más noche; y no tienen necesidad de luz de lámpara, ni de luz del sol, porque Dios el Señor los iluminará; y reinarán por los siglos de los siglos."*

¿En qué momento estamos?

El reloj profético de Dios que nos acerca al cumplimiento de todas las cosas se acerca a la hora, y una de las señales de esto es el aumento de las tinieblas en el mundo, es decir, del pecado, la perversión y la maldad. Pero, así como aumenta la maldad, es decir, las tinieblas, así también aumentará en el pueblo de Dios su luz. En otras palabras, a mayor persecución, mayor manifestación de la luz de Jehová.

La biblia nos recuerda que, a mayor nivel de persecución y tinieblas, mayor poder tiene la luz que las enfrente (Vea Apocalipsis 60:1-3). Así que, si estás pasando dificultades, si tienes problemas, o si estás viviendo persecución, levántate, resplandece y gózate, porque hay un mayor nivel de poder, de unción y de fuego que viene sobre tu vida para vencer toda tiniebla.

Recuerda que: *"La luz en las tinieblas resplandece, y las tinieblas no prevalecieron contra ella."* **Juan 1:5**

¡Hoy sal ahí fuera y demuestra tu luz!

112

43

Cambia tus resultados

En la biblia encontramos sabiduría divina para los aspectos decisivos y cotidianos de nuestras vidas, entre ellos, el proceso que nos lleva a conseguir los resultados que tenemos en aquello que emprendemos. La biblia describe nuestros resultados en la vida como frutos, por lo que de hecho nos compara a las personas con árboles. Árboles con semilla, raíces y frutos, es decir, con pensamientos (semillas) que se afianzan en nuestro interior (raíces), que nos llevan a actuar y vivir como vivimos, consiguiendo, por ende, los resultados (frutos) que tenemos.

No es muy sensato buscar métodos para el éxito apartados de la sabiduría que hay detrás de las escrituras, pues la palabra de Dios nos enseña principios de vida que aplican en cada área de ésta. Por ejemplo, todos estamos de acuerdo en que **lo que uno siembra, eso es lo que cosechará.** Este es un principio conocido por todo el mundo, aunque no sea creyente, pues ese es un principio de vida diseñado por el creador de la vida, descrito en Gálatas 6:7.

Dicho esto, sucede lo mismo con nuestra búsqueda del éxito en la vida. Está claro que alcanzar el éxito es un anhelo intrínseco en la naturaleza humana, pero el éxito es un resultado, o lo que la biblia describe como fruto. En este punto podemos ver otro principio de vida diseñado por Dios, el cual aplica a todos los niveles: ***Para cambiar tus resultados (frutos) primero debes cambiar tu semilla y tus raíces.***

Así que es más importante lo que no se ve, que lo que sí, porque lo que sí se ve es producto de lo que no se ve, así como los frutos son producidos por las semillas y raíces que no se ven. Es decir, si no estamos contentos con nuestros resultados, lo que debemos cambiar son las semillas, primeramente, para que éstas produzcan raíces distintas, y entonces tengamos frutos distintos.

Las semillas son los pensamientos y palabras, y las raíces tienen que ver con nuestro corazón. De modo que para cambiar los resultados necesitamos una transformación integral de dentro hacia fuera. Por tanto, debemos meditar en las semillas que hemos ido sembrando hasta ahora, y si no nos gusta los frutos que han producido, dejemos de enfocarnos tanto cambiar estos últimos, pues la única forma de hacerlo es cambiando nuestras semilla y raíces, es decir, transformar nuestro corazón y forma de hablar.

44

> *Tomó, pues, Jehová Dios al hombre, y lo puso en el huerto de Edén, para que lo labrara y lo guardase.*
> **(Génesis 2:15)**

La familia

¿Cuántas veces perdemos aquello que damos por hecho que siempre tendremos? En los tiempos que corren, muchas cosas van tomando un lugar importante en nuestra escala de prioridades, desplazando a su vez otras que siempre ocuparon ese mismo lugar. Una de las perjudicadas ha sido la institución de la familia.

A decir verdad, la esencia de la familia y su significado se han ido difuminando a lo largo de las generaciones, obviamente hablando en términos generales de nuestra sociedad, y haciendo distinción entre unos sistemas culturales y otros. Pero evidentemente, nuestra cultura occidental ha ido desprendiéndose poco a poco de esta pieza clave, para aferrarse de otras muchas cosas que han ido surgiendo para entretenernos y agilizar nuestro ritmo de vida cada vez más frenético. Es por esto por lo que meditaba en lo que significa la familia y cómo su degradación puede afectarnos como sociedad.

Siempre he creído firmemente que un sistema social funcional y en armonía comienza por familias bien establecidas, unidas y no sólo juntas, y bien fundamentadas en los valores y dogmas de comportamiento que nacen de la buena comunicación, amor y disciplina, todas ellas en su justa medida. Pero para tener familias bien establecidas, necesitamos primeramente matrimonios correctos, basados en el modelo y diseño correcto, y con el conocimiento correcto por parte de sus integrantes – esposo y esposa - para saber cómo llevarlo a cabo de forma correcta. Pero en este punto surge la evidente cuestión del individuo en sí mismo. Una persona no puede entrar en pacto matrimonial sin estar preparada, sin ser consiente del pacto al cual va a entrar a formar parte, ni tampoco puede hacerlo en el tiempo incorrecto ni con la persona incorrecta.

Por tanto, es nuestra responsabilidad individual la de aportar lo que requiere a nuestra familia, sea cual sea el rol que desempeñamos dentro de la misma, para lo cual debemos conocer el diseño del matrimonio, de la familia y de nosotros mismos como integrantes de ella.

Hace tiempo vi un anuncio en el que juntaban familias a la mesa en una especie de juego en el cual una voz formulaba una serie de preguntas de "cultura general social" como el significado de los emoticonos de los teclados de los smartphones, o detalles sobre la vida de personajes famosos, a los cuales todos respondían sin vacilar de forma acertada, pero luego se les hacían preguntas sobre sus padres, hijos o hermanos, a las cuales no sabían responder porque nunca se habían interesado en conocer detalles como dónde se habían conocido sus padres o similares, mientras sí los conocían de sus famosos favoritos.

Así que algo estamos haciendo mal, cuando llegamos al punto de conocer mejor a los de fuera que los nuestros propios, y esta situación nos conducirá inevitablemente al aumento de familias disfuncionales como ya lo estamos comprobando con el aumento exponencial de los casos de abandono de hogar, divorcios y "nuevos modelos de familia", estos últimos, los cuales intentan suplir de forma inútil las carencias que nosotros mismos nos encargamos de crear dentro del modelo eterno de la familia diseñada por Dios.

Quiero terminar con la siguiente reflexión. Dice la biblia que Dios puso al hombre en el Edén para que lo cuidara, lo labrara y lo extendiera. Cada uno de nosotros tiene un "Edén" que debe cuidar y trabajar para hacerlo extender, y ese Edén es nuestra familia. Por tanto, es hora de prepararnos, ponernos manos a la obra, y cumplir con la voluntad de Dios para nuestra familia, cuidándola y haciéndola fructificar.

Alguien dijo que la familia es el único regalo que recibimos todos los días. ¿La valoras como tal?

45

> *Felipe halló a Natanael, y le dijo: Hemos hallado a aquél de quien escribió Moisés en la ley, así como los profetas: a Jesús, el hijo de José, de Nazaret. Natanael le dijo: ¿De Nazaret puede salir algo de bueno? Le dijo Felipe: Ven y ve.*
> **(Juan 1:45-46)**

Ataques a la identidad

Desde el principio del tiempo nuestra identidad como creación y pueblo de Dios ha sido ataca por satanás. Ya en el Edén su plan surgió efecto cuando consiguió que Eva dudara de quién era y pusiera en tela de juicio la autoridad de su creador. Este trágico suceso abrió la puerta al pecado y lo corrompió todo hasta hoy (Vea Génesis 3:4-5)

Así mismo, vemos constantemente como muchas de las personas que nos rodean ponen en tela de juicio nuestra valía, apelando a nuestros errores del pasado, nuestros orígenes, nuestra nacionalidad, estatus social o económico, y un extenso etcétera. Lo que está claro es que el plan de satanás es conseguir que aceptemos su engaño para cambiar nuestra perspectiva sobre las verdades y principios que Dios ha establecido, salirnos de su cobertura y vivir bajo nuestras propias normas morales, y para conseguirlo, nunca ha necesitado cambiar de estrategia, sólo tiene que conseguir que dudemos de nosotros mismos y de nuestro creador.

¿Cómo conseguir que dudemos?

1- **Las comparaciones:** Cuando se nos pone en contraste con otras personas y sus logros, queriendo hacernos ver de menos, normalmente surgen las dudas sobre nosotros mismos, acompañadas de un sentimiento de frustración profundo que puede ser fatal si no se enfoca adecuadamente.

2- **Las críticas:** ¿Quién no ha sido objeto de alguna crítica alguna vez? Lo curioso de la crítica es que es simplemente una opinión negativa sobre una actitud, acción o condición que manifestamos, pero con un fundamento puramente relativo. Por tanto, no son válidas al 100%, ni pueden definir nuestra vida y forma de afrontarla.

3- **Los menosprecios:** Ya sea que nos conozcan o no, hay quienes usan aspectos de nuestro contexto para atacarnos y quebrantar la imagen que tenemos de nosotros mismos, buscando así sentirse superiores a nosotros. Esto fue precisamente lo que le sucedió a Jesús en el texto del encabezado.

Y estas son sólo algunas formas de atacarnos.

¿Para qué atacar nuestra identidad?

Cada ser humano fue creado en la eternidad por Dios con un propósito para ser desarrollado en la tierra, y cuando conoce su identidad y su diseño eterno, está listo cumplir con ese propósito. Como creación divina estamos diseñados para obtener la victoria sobre la obra de satanás, y por eso él no quiere que conozcamos esta identidad, porque es la única forma que tenemos de establecer esa victoria. Así fue como sucedió en el Edén, pues Adán y Eva tenían el llamado de Dios a conquistar la tierra que Dios había puesto a su cuidado, pero claro, este plan pasaba por desarraigar a satanás de ese mismo territorio.

Así mismo, estamos llamados a establecer la voluntad de Dios en nuestras vidas, nuestras escuelas, trabajos, familias, etc. Por eso satanás está empeñado en atacar nuestra identidad e impedir así nuestra victoria sobre él.

¿Alguna vez han dicho de ti como de Jesús: "De Nazaret puede salir algo bueno"? ¿Te han criticado o juzgado por tu contexto, tu pasado o tu situación actual? Si es así, recuerda que vales lo que tu creador dice que vales, y que a través de Cristo ya tienes a tu alcance acceso a la victoria que proporcionó a aquel que ataca tu identidad constantemente.

Recuerda que eres victorioso/a. ¡No dudes más!

Reflexión #45 – Ataques a la identidad

46

> *Bienaventurado el varón que no anduvo en consejo de malos, Ni estuvo en camino de pecadores, Ni en silla de escarnecedores se ha sentado; Sino que en la ley de Jehová está su delicia, Y en su ley medita de día y de noche. Será como árbol plantado junto a corrientes de aguas, Que da su fruto en su tiempo, Y su hoja no cae; Y todo lo que hace, prosperará.*
> **(Salmos 1:1-3)**

¿Cómo tener un año próspero?

¡Me encanta la época de año nuevo! Está llena de ilusiones, de buenos deseos, de ánimo renovado y nuevas fuerzas. Lo cierto es que es la mejor época del año para proponerse mejorar, crecer, avanzar y, ¿por qué no? retomar lo que hemos dejado de lado.

Pero no es menos cierto que ese toque "mágico" que arrastramos desde las fiestas navideñas, y que aún impregna cada año nuevo, solemos ponerlo como la base para nuestros nuevos retos y toma de decisiones para el crecimiento personal, y al hacerlo, solamente estamos arando la tierra de un futuro tiempo de frustración por no ver nuestros "deseos" cumplidos, pues los deseos son sólo eso hasta que no involucramos la voluntad para tomar las decisiones que los harán realidad.

Por esto quisiera plantar una semilla diferente en tu mentalidad, para que puedas sembrarla desde ahora, y que hagas un balance positivo al final de este año, habiendo cumplido todo lo bueno que te hayas propuesto. Según el texto del principio, hay ciertas condiciones bíblicas para que seamos prósperos en todo lo que hagamos. Vamos a verlas en detalle:

Lo que hemos sembrado hasta ahora: El Salmo 1 comienza con una breve lista de lo que no deberíamos haber hecho si queremos ser bendecidos y gozar de todo lo bueno que Dios tiene preparado para nosotros. Esto responde al principio bíblico de la siembra y la cosecha, pues no podemos esperar cosechar cosas buenas en el año que comienza, si hemos sembrado malas actitudes, palabras o acciones en el año que termina. Por tanto, lo primero que debemos hacer para tener un próspero año nuevo es sembrar correctamente en el año previo, y si no lo hemos hecho, debemos ser conscientes de ello, arrepentirnos delante de Dios y comenzar a sembrar desde ya una semilla distinta para el año que comienza.

Lo que debemos sembrar: Este Salmo continúa detallando las semillas que nos aseguran una cosecha de bendición, no sólo por lo que producirán en el futuro, sino por lo que producen en nosotros mismos.

Recuerda que lo primero que debes cultivar es tu relación con Dios, pues tu corazón y tu espíritu son la tierra que debe estar lista para recibir la palabra de Dios, y tu propia vida es la tierra que debe dar fruto, primeramente. Esa semilla es la palabra de Dios y los tiempos en su presencia. Recuerda que cada ser vivo requiere un medio ambiente correcto para sobrevivir y reproducirse, y en el caso del ser humano, ese medio ambiente es la presencia de su creador.

Los resultados de nuestra siembra: Finalmente este Salmo termina comparándonos con un árbol, pero uno que se encuentra en el lugar correcto para su desarrollo (…junto a corrientes de aguas…). Además, nos asegura una cosecha en el momento correcto, cuando tal vez venga la necesidad y parezca que no tenemos cómo suplirla, entonces veremos el fruto de lo que hemos sembrado, y no sólo eso, sino que lo que tenemos no lo perderemos, y no nos desgastarán las circunstancias adversas (…Y su hoja no cae…) Y es entonces cuando ese deseo que tenemos cada año nuevo verá la luz (…Y todo lo que hace, prosperará…)

Por tanto, sea cual sea el momento en que estás leyendo esto, recuerda que no es malo anhelar la prosperidad, pero es incorrecto creer que nos sorprenderá por arte de magia, pues esta es en realidad el resultado de una buena siembra.

Así que ahora sí, sea cual sea el momento en que leas esto, puedo desearte un ¡Próspero año nuevo!

126

47

Por tanto, Jehová el Dios de Israel dice: Yo había dicho que tu casa y la casa de tu padre andarían delante de mí perpetuamente; mas ahora ha dicho Jehová: Nunca yo tal haga, porque yo honraré a los que me honran, y los que me desprecian serán tenidos en poco.
(1ª Samuel 2:30)

Honra y recompensa

Muchas veces los cristianos tenemos expectativas erróneas por causa de nuestro desconocimiento de la palabra de Dios, es decir, no llegamos a conocer la naturaleza de Dios revelada en su palabra, y nos frustramos al ver que Dios "no nos funciona".

¿Por qué digo esto? Sencillo. Si no conocemos la voluntad de Dios revelada para sus hijos, no sabremos cómo caminar según sus principios, por tanto, estaremos expuestos a tropezar continuamente con la misma piedra, caer una y otra vez en el mismo pecado, o vernos envueltos en un estancamiento espiritual que, irremediablemente, nunca nos dejará en el mismo lugar, sino que nos hará retroceder poco a poco, alejándonos más y más de nuestra relación con Dios.

En este sentido, uno de los aspectos más frustrantes para los cristianos es la honra que proviene de Dios para con nosotros. Ciertamente todos queremos ser recompensados y sentir la satisfacción de recibir honra y reconocimiento. En realidad, esta es una necesidad humana que no es mala en sí misma, pero llevarla al extremo, o hacer de ella nuestra motivación para servir en el reino de Dios es un error tan grave como común.

Por supuesto que debemos esperar de Dios la recompensa, ese es uno de los aspectos más importantes de nuestra fe, saber que Él "…es galardonador de los que le buscan…", pero Dios es claro en cuanto a sus principios, y el principio de la honra es uno de los más claros. En el versículo del encabezado, Dios revela su voluntad de honrar a su pueblo, pero también la condición indispensable para poder hacerlo: ***honrarle, primeramente***.

Hay multitud de formas de honrar a Dios. Podemos hacerlo con nuestros bienes, con nuestra alabanza, con nuestra adoración, con nuestras palabras, con nuestras acciones, con nuestro sacrificio, con nuestra obediencia, etc. Pero una de las formas de honrar a Dios menos enseñada es la búsqueda de la sabiduría.

Los sabios heredarán honra, Mas los necios llevarán ignominia. **Proverbios 3:35**

Pero para manifestar una honra genuina tenemos que conocer el origen de esta. La biblia distingue entre dos tipos de honra, una honra falsa y una sincera (Vea Mayeo 15:8). Es decir, nuestra honra a Dios tiene que ver con quienes somos en nuestro interior (corazón cercano a Dios), más que con lo que decimos o aparentamos externamente (honra de labios).

De modo que según el principio de que Dios honra a los que le honran, si los sabios heredarán honra, quiere decir que cuando buscamos la sabiduría que proviene de Dios, no sólo la recibiremos, sino que también recibiremos la recompensa de la honra que proviene de Dios. el libro de Proverbios nos revela a Jesús como "la sabiduría", de modo que anhelar la sabiduría es refugiarnos en Cristo.

Por otra parte, quienes buscan la sabiduría reflejan un carácter aprobado, una madurez que honra a Dios, pues revela la condición de un corazón reverente hacia la majestad y santidad de Dios.

El principio de la sabiduría es el temor de Jehová; Los insensatos desprecian la sabiduría y la enseñanza. **Proverbios 1:7**

Hoy te invito a buscar voluntaria y fervientemente la sabiduría de Dios para recibir la recompensa de la honra que tiene preparada para quienes le buscan.

48

> *Pelea la buena batalla de la fe, echa mano de la vida eterna, a la cual asimismo fuiste llamado, habiendo hecho la buena profesión delante de muchos testigos.*
> **(1ª Timoteo 6:12)**

Visión y enfoque

Hace algún tiempo, mientras meditaba en mis planes de futuro y el punto en el que estoy ahora mismo, me di cuenta de que para conseguir la plenitud que nos ofrece el éxito necesitamos saber distinguir entre nuestra visión y nuestro enfoque, y la importancia de cada uno de ellos.

Antes de definir visión y enfoque, es importante remarcar que, sin estos dos elementos, no tendremos dirección a seguir para conseguir plenitud en nuestras vidas, pues el éxito es un resultado, y no producto de la casualidad. De modo que lo más fundamental, y el punto de partida para cada persona que quiere ser exitoso en esta vida, es tener, adquirir o recibir una visión, y a partir de ahí, aprender a enfocarse para llevarla a cabo. Ahora vamos a entender la diferencia entre ellas.

- **VISIÓN:** Es el panorama de nuestro destino profético establecido desde la eternidad por Dios, que se nos es revelado para saber en qué dirección apuntar nuestros planes y enfocar nuestras decisiones. En otras palabras, nuestra visión es nuestro objetivo por cumplir en la vida.

- **ENFOQUE:** Es la estrategia que debemos adoptar para llevar a cabo nuestra visión, yendo paso a paso, tomando las decisiones correctas, y evitando las distracciones que nos alejarán de cumplir nuestro objetivo. Enfocarse es concentrarse en lo importante y no desviarse del plan que nos llevará a ser exitosos en nuestro propósito.

Ahora bien, ¿Cómo ponemos en práctica ambas cosas? Voy a explicarlo de la forma más gráfica. Hay que tener clara nuestra visión, pero debemos enfocarnos en los detalles más próximos. ¿Qué quiere decir esto? Que, aunque tengamos un objetivo grande que cumplir, es decir, nuestro propósito, no llegaremos hasta allí de una sola vez, sino que necesitamos pasar un proceso en el cual tendremos que superar obstáculos, aprender a decidir correctamente, etc.

Una persona que sólo tiene visión, pero no enfoque, tarde o temprano terminará frustrada, pues al tener la vista puesta únicamente en su visión (futuro), descuidará los detalles del ahora, y no sabrá tomar las decisiones correctas que le llevarán a conseguir su objetivo final. Y a su vez, tener clara nuestra visión nos ayudará a lidiar con las emociones que nos genera el hecho de ver situaciones que parecen ir en contra de nuestros planes, de modo que entendamos si realmente nos perjudican o simplemente forman parte de nuestro proceso.

Haciendo una comparación con nuestra visión natural, imagínese que usted ve a lo lejos un lugar donde quiere llegar. Una vez que usted ha fijado la distancia, y la dirección a seguir, comienza su andadura hacia allí, pero no deja su mirada fija en la lejanía de aquel lugar, sino que se enfoca en cada uno de los pasos que debe seguir y los obstáculos que van apareciendo. Si no lo hace, puede tropezarse, caerse, o ser atropellado por un coche al cruzar la calle sin mirar.

En definitiva, para vivir exitosamente necesitamos tener una visión clara que nos de dirección y propósito, y tenemos que aprender a enfocarnos día a día para cumplirla.

Este es el momento de que busques tu visión, ese objetivo a cumplir en la vida que le dará sentido y dirección, pero una vez que la recibas, necesitas enfocarte, pues de lo contrario terminarás frustrado por saber el lugar donde Dios quiere llevarte, pero serás incapaz de seguir el camino que te llevará hasta allí.

49

> *Examina la senda de tus pies, Y todos tus caminos sean rectos.*
> **(Proverbios 4:26)**

Examina tu senda

Por años he leído en la Biblia referencias a nuestro camino, nuestros pasos, o nuestra senda. Pero realmente nunca me había parado a pensar en la diferencia que hay entre ellos, y, por tanto, no había entendido el propósito que hay detrás de cada término usado por Dios para hablarnos. Cuando leí este proverbio pude entender la profundidad y sabiduría que encierran estas palabras, y lo importantes que son para encaminar nuestras vidas al éxito.

Me llama la atención la invitación que nos hace el autor del proverbio a "examinar la senda" de nuestros pies. Me hizo preguntarme ¿Qué significa "la senda de tus pies"? Bueno, lo cierto es que, viéndolo en perspectiva, me di cuenta de que la senda es el rastro o la huella que dejamos al caminar, la cual terminará convirtiéndose en el camino que recorrerán los que vienen detrás de nosotros. Pero no sólo esto, sino que es lavara con la que podemos medir nuestro recorrido, nuestros logros, nuestro crecimiento y el proceso que hemos recorrido hasta el momento.

Cuando entendemos esto, el examinar nuestra senda se convierte en una prioridad y una necesidad, pues al hacerlo con la continuidad necesaria, aprenderemos de nuestros errores, recibiremos aliento al darnos cuenta de los obstáculos superados, y recibiremos el impulso necesario para dar el siguiente paso en nuestro camino.

La segunda parte del texto del encabezado nos exhorta a hacer recto nuestro camino. Es decir, a dar cada paso hacia la dirección correcta sin desviarnos de nuestro propósito.

Porque somos hechura suya, creados en Cristo Jesús para buenas obras, las cuales Dios preparó de antemano para que anduviésemos en ellas. **Efesios 2:10**

¿Imaginas mirar hacia atrás y darte cuenta de que la senda de tus pies es un camino marcado por las buenas obras que Jesús preparó para tu vida desde la eternidad?

Por eso te invito a que, sea que ya lo estés haciendo, o no, que examines el rastro que dejan tus pasos y que sean los correctos para que el camino que te queda por recorrer sea el correcto. ¡Ese es el camino que debemos recorrer para vivir exitosamente!

50

Prosperidad (Introducción)

¡Prosperidad! ¿Habrá un concepto que defina mejor una vida exitosa? Yo diría que no. De hecho, vivir exitosamente y vivir prósperamente son conceptos exactamente equivalentes. Así que en las siguientes tres reflexiones vamos a abordar muy específicamente en la idea principal de este libro.

Veamos algunos puntos importantes acerca de la voluntad de Dios para sus hijos, y cómo acceder a ella a través de los principios que establece la biblia. Lo cierto es que la prosperidad ha sido un tópico muy mal enseñado por algunos, y muy mal interpretado por otros muchos, pero ciertamente es parte del plan divino de Dios que su pueblo sea prosperado en todas las cosas.

Así que, según el texto del encabezado, la voluntad de Dios para con su pueblo en lo referente a la prosperidad es clara: Dios desea que seamos prosperados en todo. Ahora bien, este texto manifiesta más que el mero "deseo" de Dios de que seamos prosperados, sino más bien la declaración de su voluntad de prosperarnos, o, dicho de otra manera, su bendición expresa que nos impulsa a ser prosperados.

Cuando Dios bendice algo, lo empodera para que cumpla su voluntad. Por eso usted y yo hemos sido bendecidos, es decir, empoderados por Dios para ser prosperados, o, dicho de otra manera, para vivir exitosamente. Esto lo podemos ver claramente en el siguiente texto:

Bendito sea el Dios y Padre de nuestro Señor Jesucristo, que nos bendijo con toda bendición espiritual en los lugares celestiales en Cristo, **Efesios 1:3**

Es muy interesante reconocer según este texto que nuestro destino es ser prosperados - exitosos - pues desde la eternidad - los lugares celestiales - ya hemos sido bendecidos, es decir, destinados para ello. Y esto es así porque para Dios, prosperarnos no es un problema, ya que Él no conoce la escasez ni la falta de recursos.

La pregunta entonces es ¿Por qué muchas veces no somos prosperados si esa es la voluntad de Dios para nosotros? Existen tres causas principales que bloquean nuestra prosperidad determinada por Dios, las cuales veremos en las siguientes tres reflexiones.

51

> *Porque ya conocéis la gracia de nuestro Señor Jesucristo, que por amor a vosotros se hizo pobre, siendo rico, para que vosotros con su pobreza fueseis enriquecidos.*
> **(2ª Corintios 8:9)**

Corta con la maldición de escasez

Comenzaré diciendo que no podemos vivir exitosamente, ni de manera próspera, si no operamos bajo los principios bíblicos establecidos por Dios, el creador del mundo en el que vivimos, y de nosotros mismos.

Ahora bien, en referencia a lo que podemos ver en el texto del encabezado, necesitamos la gracia de Dios, la cual es su poder actuando a nuestro favor en algún área, mientras que una maldición es el poder del diablo actuando en nuestra contra en algún área.

Por tanto, si la bendición de Dios en el área financiera no está activada, probablemente sea por causa de una maldición que sigue actuando para mantenernos atados a la esclavitud del trabajo excesivo, la escasez o la miseria, haciendo que tengamos que trabajar más de lo normal para poder sobrevivir, o que por mucho que ingresemos, siempre vendrá una situación que hará que gastemos más de lo ganado.

Pero la biblia nos enseña que, aunque pueda haber maldiciones operando en nuestras vidas, cuando conocemos la verdad de su palabra, y entendemos la obra de Cristo en la cruz, podemos acceder al poder para romper toda maldición, pues Cristo ya nos redimió de toda maldición a través de su sacrificio en la cruz.

Cristo nos redimió de la maldición de la ley, hecho por nosotros maldición (porque está escrito: Maldito todo el que es colgado en un madero), **Gálatas 3:13**

Así que si aun sigues lidiando con las imposibilidades en tu vida financiera, o en cualquier otra, que se repiten como un patrón, que hacen que por más que ganes siempre vivas en escasez, es el momento de romper con esa maldición y comenzar a vivir plenamente, como Dios quiere que lo hagas: ***Empoderado para prosperar en todo.***

Quiero puntualizar que, aunque enfatice estos principios de prosperidad en el área financiera, lo cierto es que aplican a cualquier otra, porque la prosperidad, al igual que el éxito, ha de ser integral.

En las siguientes dos reflexiones compartiré las otras dos causas de bloqueo para nuestra prosperidad. Continúa leyendo.

52

> *Y no como lo esperábamos, sino que a sí mismos se dieron primeramente al Señor, y luego a nosotros por la voluntad de Dios;*
> **(2ª Corintios 8:5)**

El principio del dar

En la primera parte de esta serie sobre la prosperidad ya aprendimos que, para Dios, prosperarnos no es un problema porque Él no conoce la escasez ni la falta de recursos. La pregunta entonces es ¿Por qué muchas veces no somos prosperados si esa es la voluntad de Dios para nosotros? Existen tres causas principales que bloquean nuestra prosperidad determinada por Dios. Hoy vamos a conocer la segunda de ellas.

La biblia enseña que todo se resume a hacer las cosas desde el amor, y que lo primero que hace el amor es DARSE A SÍ MISMO. (Vea Juan 3:16) Por tanto, nuestra relación con Dios debe basarse en el principio de darse a sí mismo, y dar de lo que hemos recibido.

Sanad enfermos, limpiad leprosos, resucitad muertos, echad fuera demonios; de gracia recibisteis, dad de gracia. **Mateo 10:8**

Pero aun cuando damos a Dios, si no lo hacemos de la forma correcta, no veremos las bendiciones del DAR.

Así que cabe preguntarse: ***¿Cómo debemos darle a Dios?***

a) <u>Debemos darle a Dios por honra:</u> **Salmos 96:8**

b) <u>Debemos darle a Dios de corazón:</u> **Éxodo 25:2**

c) <u>Debemos dar a Dios con alegría:</u> **2ª Corintios 9:7**

d) <u>No debemos dar a Dios sin haber lidiado con la ofensa y la falta de perdón:</u> **Mateo 5:23-24**

e) <u>No debemos dar a Dios mecánicamente, por aparentar o por religiosidad:</u> **Levítico 2:11**

La biblia enseña que la levadura es la religiosidad y el querer aparentar santidad, y por eso debemos guardarnos de no querer dar, ofrendar o diezmar, sólo para guardar las apariencias o evitar críticas (Vea Mateo 16:6,12)

Por tanto, aunque la voluntad de Dios es prosperarnos en todo, también ha establecido unas pautas para que su voluntad en esta área sea cumplida sobre nuestras vidas, y una vez que hemos roto con toda maldición que nos tenía atados a la escasez, es el momento de comenzar a caminar en ***el principio de dar.***

En la siguiente reflexión compartiré la última causa de bloqueo para nuestra prosperidad. No te la pierdas.

53

Porque el reino de los cielos es como un hombre que yéndose lejos, llamó a sus siervos y les entregó sus bienes. A uno dio cinco talentos, y a otro dos, y a otro uno, a cada uno conforme a su capacidad; y luego se fue lejos. Y el que había recibido cinco talentos fue y negoció con ellos, y ganó otros cinco talentos. Asimismo, el que había recibido dos, ganó también otros dos. Pero el que había recibido uno fue y cavó en la tierra, y escondió el dinero de su señor. Después de mucho tiempo vino el señor de aquellos siervos, y arregló cuentas con ellos. Y llegando el que había recibido cinco talentos, trajo otros cinco talentos, diciendo: Señor, cinco talentos me entregaste; aquí tienes, he ganado otros cinco talentos sobre ellos. Y su señor le dijo: Bien, buen siervo y fiel; sobre poco has sido fiel, sobre mucho te pondré; entra en el gozo de tu señor. Llegando también el que había recibido dos talentos, dijo: Señor, dos talentos me entregaste; aquí tienes, he ganado otros dos talentos sobre ellos. Su señor le dijo: Bien, buen siervo y fiel; sobre poco has sido fiel, sobre mucho te pondré; entra en el gozo de tu señor. Pero llegando también el que había recibido un talento, dijo: Señor, te conocía que eres hombre duro, que siegas donde no sembraste y recoges donde no esparciste; por lo cual tuve miedo, y fui y escondí tu talento en la tierra; aquí tienes lo que es tuyo. Respondiendo su señor, le dijo: Siervo malo y negligente, sabías que siego donde no sembré, y que recojo donde no esparcí. Por tanto, debías haber dado mi dinero a los banqueros, y al venir yo, hubiera recibido lo que es mío con los intereses. Quitadle, pues, el talento, y dadlo al que tiene diez talentos. Porque al que tiene, le será dado, y tendrá más; y al que no tiene, aun lo que tiene le será quitado. Y al siervo inútil echadle en las tinieblas de afuera; allí será el lloro y el crujir de dientes.

(Mateo 25:14-30)

La mala mayordomía

Uno de los mayores problemas de la iglesia de Jesucristo ha sido, y es, la mala mayordomía, o sea, no saber administrar lo que nos ha dado. Esto es lo que Jesús nos enseñar por medio del texto del encabezado de nuestra reflexión de hoy.

En el Reino de Dios no hay falta de recursos sino una mala mayordomía por parte de su pueblo. De hecho, según la parábola, Dios nos da algo a todos para ponerlo a trabajar, pero es importante notar que Él nos da conforme a nuestra capacidad (Tiempo, dones, habilidades, etc.)

Esta parábola habla de **negociar y ganar**, lo que duele al religioso. Pero Dios nos va a pedir cuentas por todo lo que nos ha dado. Entonces, ¿Cuál es la enseñanza detrás de esta parábola? Que *la mayordomía efectiva es la que manifiesta productividad.*

Como siervos Jesús tenemos la responsabilidad de **ser productivos**, porque Él ya nos ha dado lo necesario para multiplicarlo. (Familia, trabajo, negocios, ideas creativas, finanzas, discípulos, servicio, etc.), por tanto, cuando no somos productivos le estamos robando a Dios. Por eso le dijo al siervo malo que por lo menos debió haberle dado los intereses de su talento, porque esa era la productividad mínima. Cuando habla de los banqueros se refiere a los medios para mejorar el don, para crecer el negocio, para convertirse en un profesional, para ser enviado como ministerio, en definitiva, ¡para producir intereses en el reino!

Muchos cristianos erran pidiéndole más a Dios cuando son ellos los responsables de multiplicar lo que tienen para tener más. A esto me refiero al decir que la mayordomía exige multiplicación. Por eso es por lo que vemos personas que Dios prospera y parece que cuanto más tienen más les da, y es porque cuando lo poco que tenemos lo gastamos, se nos va a ser quitado para dárselo al que lo está poniendo a producir.

Un mal mayordomo tiene miedo, pereza, y poca urgencia por poner a producir lo que Dios le Dio, y al final termina perdiendo ese poco mientras ve como pasa a manos del que no deja de producir. Así que **¿Cómo nos convertimos en siervos productivos?** Entrando en el sistema económico, financiero y productivo del reino de Dios que comienza con los diezmos y las ofrendas.

1. El primer paso para acceder a la economía de Dios es dejar de robarle lo que le pertenece: **El diezmo** (El 10% de lo que producimos) (Vea Malaquías 3:8-10). El no diezmar nos pone a la altura del siervo malo, que le roba a Dios lo que le pertenece (los intereses)

2. Como la economía del reino nos exige producir, no solo debemos diezmar, sino que tenemos que sembrar para que nuestra semilla produzca fruto. Esto es **ofrendar**.

Por eso Dios nos reta a que le probemos en el área de las finanzas, porque cuando entramos en el sistema económico del reino, aprendemos a hacer que nuestra semilla produzca, y la semilla que viene en la siguiente cosecha vuelva a producir, y así una y otra vez.

Pero, una vez más, todo lo que tiene que ver con éxito y prosperidad debe ser genuino, es decir, nacer de una intención correcta y basado en una verdad eterna revelada a nuestro corazón. Por tanto, vemos que hay una diferencia entre enterrar la semilla por miedo y sembrarla para que produzca, y la diferencia es la motivación con la que lo hacemos. El acto de sembrar y enterrar es en esencia el mismo, pero en el texto vemos que lo que los diferencia es la naturaleza de quien lo realiza.

La manera más efectiva de multiplicar una semilla es sembrándola para que de los intereses en forma de fruto y más semilla. Aquí es donde entra el poder de Dios para multiplicarnos. Así que ¿Qué es prosperar? Es recibir más talentos de parte de Dios para hacerlos multiplicar, y cuando tenemos más, más nos va a dar, y así una y otra y otra vez. ¡Ese es el empoderamiento para prosperar!

Por tanto, vivir exitosamente es un resultado de cortar con toda maldición que opere en nuestra vida, caminar en el principio del dar, y nuestra disposición a sembrar.

Aquí termina la serie sobre prosperidad, pero quiero recordarte que la prosperidad no debe asociarse sólo al ámbito de las finanzas, sino a cada área de la vida.

54

Y vendrán sobre ti todas estas bendiciones, y te alcanzarán, si oyeres la voz de Jehová tu Dios.
(Deuteronomio 28:2)

Límites vs. limitaciones

Es fácil confundir ambos conceptos, pero en su diferenciación y uso correcto, radica el éxito personal y social. Por tanto, considero crucial el hecho de definir ambos y remarcar sus potencialidades para beneficiarnos de éstas, y evitar las consecuencias de no llevarlas a cabo, y lo primero es entender la diferencia entre ambos, para lo que vamos a definir cada uno:

LÍMITE: Es el punto máximo que se puede alcanzar dentro de la legalidad, la seguridad o la capacidad. También es un punto de separación o delimitación de territorios o propiedades. Usualmente se usa para prevenir de actuaciones que produzcan consecuencias negativas a quien las realice. En definitiva, es un importante punto que salvaguarda a quien va dirigido.

Algunos ejemplos de esto son los límites de velocidad máxima permitida en las vías públicas. Su función es la de prevenir situaciones en las que los conductores pierdan el control de su vehículo poniendo en peligro su propia seguridad y la de los demás usuarios de la vía. También encontramos límites impuestos por los padres a los hijos en cuanto a horarios, gastos, etc. En este caso son barreras que enseñan a los hijos a respetar y honrar la autoridad y someterse a ella, además de prevenirles de situaciones inseguras. Los límites marcados en un campo de juego son otro ejemplo de la funcionalidad de estos. Su objetivo es dar un orden, fluidez y sentido al juego, permitiendo que éste se disfrute al máximo.

LIMITACIÓN: La mejor definición es la del Diccionario de la R.A.E: *"Acción y efecto de limitar o limitarse."*

Para entenderlo mejor veamos algunos ejemplos. El miedo (En dimensiones desmesuradas y sin fundamento) es la mayor de las limitaciones del ser humano. Nos detiene de avanzar, de crecer, y de conquistar. Otra limitación es la baja autoestima. Es una barrera emocional que limita a la persona de verse y darse el valor que tiene, por lo que su vida entera se ve limitada, pues no podemos ir más allá del concepto que tenemos de nosotros mismos.

La naturaleza y objetivo de los límites tiene que ver con el amor, el respeto, el valor, el crecimiento, o el cuidado, mientras que las limitaciones nacen de la alteración negativa de la realidad, y la mayoría de las veces son imaginarios o infundados, pero, sobre todo, su naturaleza es la de estancamiento, destrucción del propósito, y, en definitiva, el fracaso personal.

Respetar los límites nos permite avanzar y nos conduce al éxito, mientras que estar limitado nos estanca y detiene, y al final nos sume en el fracaso.

La vida, las relaciones, los negocios, o el trabajo, todas ellas funcionarán correctamente siempre y cuando respetemos los límites que las definen y dan sentido. En lo referente a nuestra relación con Dios, somos bendecidos por los límites que establece para que respetemos y obedezcamos. Cuando sobrepasamos esos límites es cuando caemos en la trampa del pecado, el desorden, o la falta de propósito, todas ellas, consecuencias nefastas que ¡Nos limitan! En otras palabras, ***sobrepasar los límites terminará llevándonos a vivir limitados.***

¡Exacto! Ahí se encuentra el meollo del asunto. Si vivimos bajo gobierno y obediencia, es decir, respetando los límites, no dejaremos de avanzar, crecer y conquistar. Pero cuando superamos los límites entramos en la zona del estancamiento, de la limitación. Dejamos de avanzar, dejamos de crecer, y tendremos que volver atrás y comenzar de nuevo muy seguramente. Por ejemplo, si un esposo sobrepasa el límite físico son su esposa y la agrede, no sólo ha irrespetado la ley y los derechos de su esposa, sino que además habrá quebrantado su confianza y la relación se verá limitada por la desconfianza, el miedo, o el odio. Incluso su libertad puede verse limitada si va a prisión.

Por tanto, es importantísimo que valoremos y respetemos los límites que nos son establecidos, pues sólo así podremos disfrutar con libertad y plenitud del "juego" de la vida, pero es igual de importante trabajar para romper con las limitaciones, tanto autoimpuestas, como las que sean consecuencia de haber quebrantado algún límite en el pasado.

Las emociones tóxicas, las relaciones poco edificantes, el pecado, y los pensamientos de derrota son, entre otros, limitaciones. Así que te invito a reflexionar por un momento para distinguir cuáles de ellas están operando en tu vida, y qué áreas están afectando. Puede ser que fluyas en el área del matrimonio, pero no avances como padre o madre. Quizás tus finanzas funcionan correctamente, pero estás limitado en tu caminar con Dios, en un propósito eterno. Puedes estar avanzando en tu negocio, pero tu ministerio estar limitado por la falta de fe o consagración. Cualquiera que sea el área donde detectes una limitación, medita sobre cuál puede ser el motivo, y si tienes que "volver a la casilla de salida" hazlo, pero esta vez respetando los límites que te llevarán directo al éxito.

55

> *Después de él fue Samgar hijo de Anat, el cual mató a seiscientos hombres de los filisteos con una aguijada de bueyes; y él también salvó a Israel.*
> **(Jueces 3:31)**

¿Con qué comienzo?

La vida consiste en superar etapas marcadas por retos, y la madurez se mide, entre otras, por los retos superados en cada etapa, que nos llevan a la siguiente. La vida cristiana es igual pero elevado a la "X" potencia, es decir, al nivel de lo sobrenatural.

Entonces debemos estar preparados para los retos que vendrán a posicionarnos al siguiente nivel de madurez emocional y espiritual. Pero estar preparado no tiene que ver tanto con las herramientas, habilidades o dones con que una persona pueda contar, sino con la actitud y conocimiento de su propósito por parte de quien las usa.

Si dependes de tenerlo todo para librar tus batallas, muy difícilmente podrás asumir los retos que representan, y mucho menos conseguir superarlos.

Es por esto por lo que debes trabajar a diario en tu mayor activo: tú mismo, y preocuparte menos por adquirir herramientas, posesiones o métodos, porque todos estos de nada valen en unas manos no preparadas. ¿Por qué? Porque la escritura enseña que una persona con una actitud correcta se enfrenta a los retos que le vienen usando aquello que tiene a mano, sin limitarse por lo que aún no tiene, aportándole valor a las herramientas o medios, en lugar de que sean estos los que le aporten valor a ella.

Para vivir exitosamente no podemos depender "la ocasión perfecta", tener la mejor arma para pelear nuestras batallas, ser todo un experto en el desarrollo de alguna habilidad, o depender de algún don con el que contemos, sino que debemos conseguir que cualquier cosa que tengamos a mano, sea mucho o poco, mayor o menor, mejor o peor, adquiera valor por causa de nuestra actitud y mentalidad victoriosas.

Quien espera a tenerlo todo a mano para actuar verá cómo pierde las oportunidades una detrás de otra, y encima culpará a otros, a la vida o a Dios por ello. Mientras que quien actúa con lo que tiene a mano, convierte lo que no era, en una oportunidad y victoria.

Tus victorias vendrán cuando te enfoques en más en **_ser_** y menos en **_tener_**. Recuerda, quien supera los retos eres tú, no aquello de lo que te rodeas, es decir, tú eres quien da valor a tus recursos, no ellos a ti. Así que ahora ¿Ya sabes con qué comenzar hoy?

56

Respondieron y le dijeron: Tú naciste del todo en pecado, ¿y nos enseñas a nosotros? Y le expulsaron.
(Juan 9:34)

La religiosidad

Por siglos ha sido uno de los temas más polémicos y destructivos para la fe genuina en Dios. De hecho, la religiosidad es el mayor enemigo que nos encontramos a la hora de relacionarnos con nuestro creador.

La biblia enseña que todos pecamos, y que la paga del pecado es la muerte, es decir, la separación espiritual entre los hombres y Dios. Pero no es menos cierto que esta descripción encaja perfectamente con lo que representa la religiosidad.

Un conjunto de normas establecidas que derivan en tradiciones que son mezcla entre lo establecido por Dios y la superstición humana; rígida, inflexible y vacía, que destruye y mata antes que edificar o vivificar.

Cuando Jesús desarrolló su ministerio en la tierra se encontró con una sociedad muy invadida por esta mentalidad religiosa, y un sistema social que la ponía al mando.

Cuando manifiesta el amor de Dios para con un ciego sanándole, en el día de reposo, este hombre se tiene que enfrentar a la inflexibilidad de la mentalidad religiosa que se enfoca más en la tradición "quebrantada" que en la transformación milagrosa de una vida por el poder que nace del amor.

Tras un extenso interrogatorio que cuestiona lo que le ha ocurrido, este hombre sólo puede dar testimonio de lo que experimentó, de la verdad que le ha invadido de golpe transformando su vida, pero los religiosos no pueden soportar que haya algo que no entienden ni controlan, y terminan expulsándole del lugar.

Eso es lo que hace la religiosidad, expulsa las personas de los lugares, pero mantiene los demonios y la enfermedad en las personas. Sin embargo, una relación de amor con Dios expulsa los demonios y la enfermedad de las personas, y acepta e incluye a cada uno mientras le transforma.

Hoy es momento de meditar en esto y renunciar a cualquier indicio de religiosidad que opere en nuestros corazones, que se aferre a las tradiciones y métodos, pero sobre todo que nos haga rechazar a las personas por causa de lo que Dios ha hecho en sus vidas.

57

No sembrarás tu viña con semillas diversas, no sea que se pierda todo, tanto la semilla que sembraste como el fruto de la viña.
(Deuteronomio 22:9)

Enfoque y resultados

Aquí vemos una explicación gráfica de un principio fundamental para encaminarse al éxito en la vida: ***El principio del enfoque.***

El hecho de encontrarnos con una alegoría agrícola para revelarnos esta verdad es muy visual y facilita su comprensión y aplicación. Todos tenemos metas, sueños, propósito en la vida, trabajo pendiente, etc. Pero llevar todo esto a cabo pasa inevitablemente por enfocarnos en una actividad a la vez, la cual es una semilla que dará su correspondiente fruto en el tiempo correcto, a través del cuidado y atención que necesita.

Enfocarse implica priorizar nuestras actividades, para organizar nuestro esfuerzo, y llevar a cabo de forma exitosa una actividad a la vez. Con esto conseguimos que, al ver una tarea concluida gracias a nuestra dedicación específica, tengamos la gratificación mental y emocional de haberlo conseguido, y podamos pasar a la siguiente actividad en nuestro orden de prioridades, o que, al llegar a un punto de saturación en lo que estamos haciendo, tengamos la capacidad de reconocer la situación y dejarla para poder retomarla tras un descanso o a la vuelta de realizar otra actividad.

Este ejercicio es necesario que lo realicemos a diario, pues cada día *"traerá su propio afán"* y si no nos enfocamos en lo importante antes que en lo urgente, sembraremos diversas semillas cada día, sin conseguir resultados satisfactorios.

"Tu viña" es tu tiempo, el cual, al fin y al cabo, representa tu vida. Si siembras en tu vida diversas semillas, sin tener un orden claro ni un plan de crecimiento para ninguna de ellas, terminarás perdiendo tu viña (tu tiempo) como tus semillas (tu esfuerzo), y al final no obtendrás resultados exitosos (tu fruto).

Hoy es momento de establecer prioridades. Tu primera semilla diaria debe ser para fortalecer tu relación con Dios. Enfócate en esto primero y recogerás el fruto, no sólo a lo largo del día, sino a lo largo de tu diario vivir. A continuación, enfócate en sembrar en tu hogar (matrimonio, hijos, etc.). El fruto de un hogar bendecido y lleno de amor es más dulce que cualquier otro. Ahora enfócate en todo lo demás, te aseguro que tendrás resultados de éxito.

58

Pero la serpiente era astuta, más que todos los animales del campo que Jehová Dios había hecho; la cual dijo a la mujer: ¿Conque Dios os ha dicho: No comáis de todo árbol del huerto? Entonces la serpiente dijo a la mujer: No moriréis; sino que sabe Dios que el día que comáis de él, serán abiertos vuestros ojos, y seréis como Dios, sabiendo el bien y el mal. Y vio la mujer que el árbol era bueno para comer, y que era agradable a los ojos, y árbol codiciable para alcanzar la sabiduría; y tomó de su fruto, y comió; y dio también a su marido, el cual comió así como ella.
(Génesis 3:1,4-6)

¿Qué quieres ser?

La excelencia no es ser mejor que todos los demás, sino ser la mejor versión de uno mismo. Si queremos vivir exitosamente necesitamos alcanzar la excelencia, es decir, debemos conocer nuestro propósito y diseño, para alcanzar nuestra mejor versión, de modo que nuestro diseño alcance su máximo potencial, a fin de cumplir ese propósito al 100%.

El problema es que nunca conseguiremos ser la mejor versión de nosotros mismos si no volvemos a nuestro origen que es Dios, y recibimos revelación de su parte para nuestro diseño. Al igual que si queremos sacar el mejor partido a nuestro teléfono móvil recurriremos a su diseñador para que nos enseñe todas sus funciones.

Aquí vemos como la serpiente tergiversó la instrucción de Dios al formular la pregunta a Eva, para lo que usó, y sigue usando, frases que son verdades a medias para engañarnos, porque una de sus armas más poderosas para hacernos pecar es poner en tela de juicio la autoridad de Dios, su bondad y sus mandamientos. Lo que consigue fácilmente cuando prestamos atención a sus palabras, y en lugar de reprenderlo bajamos las barreras morales, y dudamos de la autoridad de Dios.

Finalmente, en medio de ese engaño, nuestra visión y sistema moral se ven tan afectados, que llamamos bueno a lo malo y viceversa. Esto fue lo que ocurrió en la mente de Eva al permitir el engaño de satanás, quien aprovechó la intención de Eva de ser como Dios, es decir, tener la potestad de decidir lo que es bueno o malo.

Efectivamente, no saber quiénes somos hará que queramos ser "como Dios", decidiendo lo bueno o malo según nuestro propio juicio. Por tanto, hoy es el día de volvernos a Dios y conocer nuestro diseño.

59

> *Bienaventurados los que padecen persecución por causa de la justicia, porque de ellos es el reino de los cielos. Bienaventurados sois cuando por mi causa os vituperen y os persigan, y digan toda clase de mal contra vosotros, mintiendo. Gozaos y alegraos, porque vuestro galardón es grande en los cielos; porque así persiguieron a los profetas que fueron antes de vosotros.*
> **(Mateo 5:10-12)**

Recompensa eterna

No hace falta echar la mirada demasiado atrás para darnos cuenta de las veces que hemos sido criticados, atacados, ignorados o perseguidos. Todos hemos sufrido rechazo por parte de alguien, ya sea cercano o desconocido, más de una vez en la vida.

El rechazo, la intolerancia, la persecución y acusación verbal son parte de la interacción entre personas, y aunque no es algo de lo que sentirnos orgullosos, cuanto antes lo aceptemos y afrontemos, mucho mejor. Por tanto, si ya sabemos que no siempre seremos bien recibidos por los demás, será mejor decidir bien el camino que tomemos para que merezca la pena. ¿No?

Hay algunos aspectos descritos en el texto del encabezado que generan ciertas reacciones en los demás que pueden desanimarnos y querer desistir, pero que nos traerán finalmente beneficios eternos.

- **La justicia puede generar persecución:** *Un claro ejemplo fue Martin Luther King.*
- **La fe en Jesús puede traer vituperios:** *Un claro ejemplo son los creyentes en Asia o África.*
- **El cristianismo es atacado con mentiras y toda clase de malas palabras (calumnias, injurias):** *Un claro ejemplo de esto fueron los primeros apóstoles y el mismo Jesús.*

Así que ser seguidores de Jesús, o lo que es lo mismo, ser cristianos, implica bendecir al mundo sin esperar recompensa bondadosa de su parte, sino más bien persecución, calumnias y ataques. Esto fue un principio claro que estableció Jesús al decir que "pongamos la otra mejilla" cuando nos golpeen en la otra. Es decir, no estamos llamados a debatir o entrar en conflicto por causa de nuestra fe, sino a responder con paciencia y amor hacia nuestros atacantes.

La buena noticia es que, si nos atacan por nuestra fe, por una causa justa, o por vivir según las escrituras, sabremos que nuestra siembra terrenal está generando una recompensa eterna, además de tener la certeza de que estamos siendo procesados en el área del carácter para las futuras conquistas.

60

> *Oh Jehová, de mañana oirás mi voz; De mañana me presentaré delante de ti, y esperaré.*
> **(Salmos 5:3)**

¿Cómo comienzas tu día?

Una de las claves para vivir exitosamente es establecer un orden de prioridades correctos, no sólo en los aspectos más importantes de la vida, sino en nuestro día a día, pues al fin y al cabo nuestra vida se construye con las decisiones que tomamos a diario.

Así que teniendo en cuenta este principio, vamos a establecer nuestro orden de prioridades para el día a día. Efectivamente, según lo que leemos en este texto, un día exitoso comienza cuando ponemos a Dios en primer lugar.

Yo entendí esta verdad hace unos años cuando conocí el principio de las primicias, el cual nos enseña que a Dios debemos darle siempre lo primero y más excelente, pero no sólo de nuestros bienes o finanzas, sino de nuestro recurso más valioso, el cual ya te he explicado en una de las reflexiones de este libro: **El tiempo.**

El Rey David entendió este principio y supo que el momento más excelente para ofrecerle a Dios es la primicia del día, es decir, la mañana. Incluso hay otro texto en la biblia que acentúa más esta verdad, y nos habla de presentarse delante de Dios de madrugada.

Cuando hacemos esto, estamos cumpliendo con lo que nos enseña la biblia sobre presentar nuestros cuerpos como un sacrificio vivo, santo y agradable a Dios, pues levantarse temprano, seguramente antes de lo normal para tener un tiempo antes de irnos a trabajar o estudiar, no nos pilla de paso, sino que implica nuestra voluntad y compromiso por buscarle.

Ahora bien, quien se beneficia realmente de pasar tiempo con Dios en la mañana no es Él sino nosotros, pues al hacerlo recibiremos de Él todo lo necesario para enfrentarnos al mundo, a las persecuciones por causa de nuestra fe, a los problemas del trabajo o la familia, a nuestros empleos o negocios, etc. Por eso en nuestro tiempo matutino con Dios no debe faltar:

- **Alabanza, adoración y acción de gracias:** *Primero abrimos nuestro corazón con Dios.*
- **Presentarlo todo delante suyo:** *Ponemos nuestras cargas, consultamos sobre decisiones, etc.*
- **Esperar en Dios:** *Esto incluye esperar una respuesta a nuestras oraciones o recibir la fuerza para perdonar, amar, perseverar, etc.*

El tiempo que le dedicamos a Dios, sobre todo cuando es el primero del día, es la mejor inversión que podemos hacer. ¡Compruébalo hoy mismo!

61

> *Pero sea vuestro hablar: Sí, sí; no, no; porque lo que es más de esto, de mal procede.*
> **(Mateo 5:37)**

Carácter firme

Solemos asociar la idea de un carácter firme o fuerte con una personalidad áspera, desagradable o poco simpática. Pero realmente hay una enorme diferencia entre lo que entendemos por carácter, y lo que verdaderamente es.

La definición de carácter según el diccionario es:

"Conjunto de rasgos, cualidades o circunstancias que indican la naturaleza propia de una cosa o la manera de pensar y actuar de una persona o una colectividad, y por los que se distingue de las demás."

En efecto, nuestro carácter es lo que define quienes somos en realidad, y, por tanto, tiene una importancia tremenda a la hora de vivir una vida exitosa. Es decir, para cambiar nuestra manera de vivir de modo que lleguemos a ser exitosos, necesitamos conocer las áreas de nuestro carácter que deben ser transformadas y renovadas, o sea, que necesitan volver a su diseño original, para que nuestro éxito sea integral.

A lo largo de todas las reflexiones de este libro, e incluso en libros anteriores, siempre he tratado el asunto del éxito personal como la suma de los éxitos en las diferentes áreas que definen la vida de una persona. Estas áreas tienen que ver principalmente con el conjunto de cualidades que definen nuestro carácter. Estas cualidades son, entre otras, la lealtad, la responsabilidad, la integridad, el conocimiento y cumplimiento del propósito, la capacidad de lidiar con las ofensas, el perdón como estilo de vida, disposición al sacrificio, o la diligencia.

Éstas son las áreas del carácter de una persona que definen lo que es en esencia, y que, cuando están bajo el gobierno divino de nuestro diseñador, nos garantizan el éxito integral, es decir, un carácter aprobado por Dios, que nos lleve a cumplir nuestro propósito en la tierra y a afectar positivamente a otros, dejando legado a las siguientes generaciones.

Bien, pues una de las cualidades del carácter de alguien que vive exitosamente es el valor que le da a su palabra, de modo que cuando dice algo lo cumple, en lugar de hablar mucho pero no tener compromiso para cumplir con su palabra. Así que, si quieres vivir una vida exitosa a diario, entonces que tu sí sea un sí, y que tu no sea un no, de modo que cuando la gente te escuche sepa que puede confiar en ti, porque le das valor a tu palabra y cumples con tus compromisos. ¡Ese es un carácter firme!

62

> *Pero Jehová había dicho a Abram: Vete de tu tierra y de tu parentela, y de la casa de tu padre, a la tierra que te mostraré.*
> **(Génesis 12:1)**

Medias tintas

Me llama la atención que el capítulo 12 del libro de Génesis comience con la palabra "Pero". Esto quiere decir que su conexión con el capítulo anterior es muy directa, y que, aunque el capítulo anterior ya terminó, la historia descrita en él aún no lo ha hecho, falta algo.

El caso es que la primera vez que Dios habló a Abram le dio tres instrucciones concretas. Le dijo que saliera de:

1. *Su tierra (Ur de los caldeos)*

2. *Su parentela (Familiares cercanos)*

3. *La casa de su padre (Taré)*

En el capítulo 11 se describe como fue Taré, el padre de Abram, quien decidió salir de la que hasta ese momento era su tierra (Ur de los caldeos), y dejó allí a casi toda su parentela, exceptuando a su sobrino Lot, sus hijos, entre ellos Abram, y las esposas de éstos.

Hasta ese momento parecía que el camino de Abram sería muy fácil, tanto que ni siquiera había tenido que tomar acción para cumplir lo que Dios le había demandado, sino que seguía el rastro de su padre, quien, sin saberlo, había cumplido con dos de las instrucciones de Dios para Abram.

Abram podía haberse quedado a medias tintas con la decisión de su padre, cumpliendo "a medias" el llamado de Dios, pero en el texto del encabezado vemos revelados algunos de los aspectos de la naturaleza de Dios:

- *Es inmutable, nunca cambia.*

- *Es fiel a sus promesas.*

- *Cumple sus planes en la tierra juntamente con la voluntad de los hombres a quienes llama.*

Por tanto, como Dios llamó a Abram a tomar acción, y no sólo seguir los pasos de su padre, cuando por decisión de su padre salió de su tierra y de su parentela, volvió a recordarle que aún tenía que tomar la decisión de salir de la casa de su padre, la cual ahora estaba en Harám, e ir a buscar su promesa.

Aunque no siempre Dios va a demandar de nosotros lo mismo que con Abram, en algún momento sí que tendremos que tomar acción y cumplir con sus instrucciones para llevar a cabo nuestro propósito.

63

No juzguéis, para que no seáis juzgados.
(Mateo 7:1)

No juzgues

Tan sencillo y a la vez tan difícil de seguir. Lo cierto es que uno tiene que hacer enormes esfuerzos para no juzgar de continuo, porque el corazón, antes que la boca, está presto a juzgar. Y es que es bien sabido que, la crítica, murmuración y juicio son un problema común, en mayor o menor medida, a todas las personas. Y no sólo es un problema común, sino peligroso, pues nos acarrea consecuencias desastrosas.

Por eso es importante que aprendamos a identificarlo para poder lidiar con él, pues no podremos vivir una vida plena y satisfactoria, si interactuamos con los demás a través del juicio y la murmuración en contra de ellos.

Vamos a analizar en detalle algunos aspectos que nos afectarán cuando juzgamos a otros:

·Juzgar a los demás acarrea juicio para nosotros mismos: Lo cierto es que, desde la caída del hombre en el Edén, cuando pecó por primera vez al desobedecer a Dios, la naturaleza del ser humano

167

entró en decadencia, y la corrupción del pecado original lo contaminó todo. Por tanto, desde ese momento, el pecado, el orgullo, la desobediencia, la independencia de Dios, y la iniquidad forman parte de cada ser humano desde su nacimiento.

Esto quiere decir que no sólo todos pecamos contra Dios, sino que nuestra naturaleza imperfecta y corrompida nos conducirá por el camino del engaño y el error continuamente, sin excepción, lo cual nos demerita para juzgar el error, caída o pecado ajenos, pues al hacerlo estamos juzgando nuestra propia naturaleza, es decir, a nosotros mismos.

Párate a pensar por un momento cuántas veces has cometido un error, o te has equivocado en alguna tarea, o has dejado de seguir alguno de los principios bíblicos de comportamiento que honran a Dios. Seguramente te darás cuenta de cuán imperfecto eres, y de que cuando juzgas a los demás, aunque sea por otro tipo de errores, equivocaciones o pecados diferentes a los tuyos, estás atrayendo juicio también contra ti mismo.

¿Con qué idea quiero que te quede de este punto? Que, aunque las personas a tu alrededor sean imperfectas, fallen, se equivoquen, pequen, cometan errores, ofendan, engañen, y muchas otras cosas, tú también lo habrás hecho alguna vez, o seguramente lo harás, en mayor o menor medida, aunque sea tal vez en otro tipo de situaciones con consecuencias diferentes, por lo que estás descalificado para juzgarles, pues también serás objeto de ese mismo juicio.

·<u>Todos afrontaremos el juicio verdadero que viene de Dios:</u> Un juicio con fundamento debe ser uno basado en una verdad absoluta, la cual, según la escritura, es una persona: Jesús (Vea Juan 14:16). Él es la máxima expresión de la verdad, y el único con la autoridad y naturaleza necesarias para emitir un juicio sobre nosotros. Es mejor que pensemos bien antes de permitir que nuestro corazón juzgue a otros, ya que nosotros seremos expuestos a la verdad, y a través de esta seremos juzgados por Dios.

La verdad no es subjetiva, ni depende la situación, el lugar, el tiempo o cualquier otra variante, sino que es eterna y objetiva, como un espejo que refleja lo que realmente hay, sin esconder ni filtrar nada. Aquí entra en juego un aspecto crucial a nuestro favor, el amor eterno de Dios. ¿Por qué? Porque cuando somos expuestos a la luz de la verdad somos hallados "culpables" por nuestra naturaleza pecaminosa, pero su perfecto amor nos redime y perdona a través del sacrificio de Jesús en la cruz.

¿Cómo podemos entonces nosotros, culpables todos delante de Dios, juzgar a otros, cuando aquel que tiene la potestad de juzgarnos no lo hace por amor a nosotros? Por esto te invito a que antes de ver el error ajeno recapacites y pienses en tus propios errores y caídas, y recuerdes que hay un amor eterno que te perdona y redime del juicio que mereces.

·<u>La murmuración nos convierte de hacedores de la ley a jueces:</u> Nunca podremos emitir un juicio totalmente cierto acerca de los demás, porque no tenemos la capacidad de conocer a la persona ni las situaciones que le afectan al 100%. Esto nos descalifica de forma categórica para creer que tenemos el derecho de emitir un juicio sobre alguien basándonos tan sólo en la parte que conocemos, que a menudo es mínima, como su aspecto físico, el tono de su voz, su forma de vestir, una situación concreta en la que interactuamos con ella, etc.

Por desgracia, en muchas más ocasiones de las que creemos, nos convertimos en jueces de los demás, creyendo tener la autoridad, el derecho y la información necesarias para categorizar a cada persona en cada situación.

Ten mucho cuidado con permitir estos juicios hacia los demás, porque entonces te estarás erigiendo juez, y esa posición sólo le corresponde a Dios, quien conoce cada corazón, cada situación y cada intención, y quien, aun teniendo la potestad de juzgar para condenación, ha decidido derramar su amor eterno para perdón. Sólo podemos dar de aquello que hemos recibido, y como hijos de Dios no hemos recibido juicio sino amor, compasión y perdón. Así que es momento de que dejemos de juzgar.

64

> *Y dijo Abraham de Sara su mujer: Es mi hermana. Y Abimelec rey de Gerar envió y tomó a Sara*
> **(Génesis 20:2)**

Verdades a medias

Hoy en día la mentira forma parte de la "normalidad" a la hora de comunicarnos, incluso dentro de las relaciones más íntimas. He llegado a escuchar incluso que la mentira, en la medida justa, es saludable para el matrimonio, por ejemplo.

Si bien es cierto que no podemos afirmar que nunca hemos mentido, o asegurar con toda certeza que no volveremos a mentir en ocasiones puntuales, como mínimo, es igual de cierto el hecho de que nuestra misma conciencia entiende la mentira como algo perjudicial para nosotros mismos, y usualmente, para quienes nos rodean.

Sólo tenemos que pensar en las motivaciones que nos llevan a mentir. Se puede querer limpiar nuestras conciencias diciendo que mentimos para cuidar a la persona a quien mentimos, o que son mentiras "piadosas", que decimos para evitarles el sufrimiento que puede producir la verdad, pero realmente la única motivación que nos lleva a mentir es el egoísmo o el miedo a mostrar una parte de nosotros que no queremos que se sepa.

Así mismo, las verdades a medias, que cuentan una parte de la realidad, pero camuflan o encubren otra, equivalen a una mentira porque se dicen con la **intención de engañar**.

En el texto del encabezado vemos una de estas verdades a medias, pues, aunque era cierto que Sara era "medio hermana" de Abraham, pues compartían padre (Vea Génesis 20:12), lo cierto es que Abraham conocía las consecuencias de su engaño, pues Sara era, más allá de su hermana, su esposa, y así es como se le conocía y como se relacionaban.

Más adelante se describen las consecuencias desastrosas de su intento de engaño, pues por culpa de su miedo a que lo mataran para quedarse con su esposa, expuso la vida de otros muchos al juicio de Dios por causa del adulterio que casi cometen con ella.

Así que no todo lo que no es mentira es verdad, pues nuestras palabras tienen la naturaleza de la intención con que las decimos, y si esta intención nace del engaño producido por el miedo, es una mentira.

Hoy te invito a que, primeramente, revises tu corazón y tus intenciones, y así puedas reconocer si tus relaciones se basan en verdades a medias o no.

65

> *Venid a mí todos los que estáis trabajados y cargados, y yo os haré descansar. Llevad mi yugo sobre vosotros, y aprended de mí, que soy manso y humilde de corazón; y hallaréis descanso para vuestras almas; porque mi yugo es fácil, y ligera mi carga.*
> **(Mateo 11:28-30)**

Descanso

Definitivamente los problemas emocionales y espirituales más frecuentes en la sociedad moderna son el stress, el agotamiento emocional, la depresión, y demás, causados por un ritmo de vida cada vez más frenético, cambiante e inseguro.

Algunas generaciones anteriores no tenían problema con obtener el sustento para una casa repleta de hijos, con una madre en casa que podía encargarse de atenderlos y cuidarlos, mientras el padre, con más o menos trabajo, podía proveer para todos con el esfuerzo de su trabajo.

Hoy en día apenas se pueden tener dos hijos en el núcleo familiar, y aun así ambos padres deben trabajar muchas horas para poder proveer para los gastos de la casa, y en el mejor de los casos, ofrecer unas vacaciones a sus hijos o alguna salida de fin de semana.

Además, las generaciones más jóvenes están cada vez más afanadas por encajar en el canon social, cambiante y diseñado para anular la personalidad a favor del colectivismo. De hecho, cada vez se ven más casos de jovencitos/as en depresión y suicidio por culpa de este ritmo frenético por encajar, conseguir seguidores, etc.

Este panorama social ha puesto sobre nuestros hombros cargas pesadas y difíciles de llevar como el trabajo excesivo y poco remunerado, disfuncionalidad en las familias, rechazo social, juicio sobre los que no siguen las corrientes, cuidado excesivo de la propia imagen, búsqueda de aceptación social virtual, etc.

Sin embargo, cuando entregamos nuestra vida a Cristo, es literalmente como soltar una mochila pesada, llena de esas cargas emocionales descritas anteriormente, para unirnos a Él y recibir su reino que consiste en justicia, paz y gozo en el espíritu; justo lo contrario a lo que el mundo nos ofrece. El descanso que viene de Jesús no es solo físico, sino que proviene de nuestro interior. Es el descanso que recibe nuestro espíritu cuando está en paz con Dios, y se siente aceptado por Él como hijo. De modo que cuando recibimos ese descanso podemos vivir exitosamente.

66

Y dijo Israel a José: Tus hermanos apacientan las ovejas en Siquem: ven, y te enviaré a ellos. Y él respondió: Heme aquí.
(Génesis 37:13)

Las pruebas de la obediencia Pt1

En una ocasión José tuvo dos sueños que contó a sus hermanos, los cuales revelaban la voluntad de Dios de erigirle como líder en medio de todos ellos, lo cual, sumado al hecho de que su padre le trataba con cierta preferencia, produjo en ellos envidia y odio hacia Él.

Seguramente esta situación haya generado muchas situaciones tensas entre José y sus hermanos a lo largo de los días en su vida cotidiana, pero, sin embargo, cuando José fue enviado por su padre a ellos, no desobedeció a su padre por temor de lo que podría pasar, ni apeló al trato especial de su padre para con él, para intentar persuadirlo de que lo enviase a ellos. Al igual que José, en ocasiones cuando somos enviados, o se nos reconoce una labor, o tenemos favor con alguna autoridad, nos convertimos en objeto de desprecios, críticas, envidias y persecuciones, incluso de familiares, amigos íntimos, o compañeros de trabajo.

Es en ese momento cuando nuestra obediencia será probada, pues obedecer no tiene que ver con conveniencia o beneficio instantáneo, sino con principios y reconocimiento de la autoridad. En este caso José fue enviado por su padre Israel a sus hermanos, quienes le intentaron matar y luego le vendieron a traición, y así mismo, en ocasiones nuestra obediencia a Dios, a nuestros padres, o a nuestras autoridades en la tierra, nos meterán en problemas, o nos harán vivir episodios dolorosos, o nos costarán relaciones, comodidades, puestos de trabajo, etc.

Sin embargo, la obediencia nunca nos dejará sin recompensa, pues nos lleva a desarrollar nuestro máximo potencial y cumplir nuestro destino en la tierra, porque Dios se usará de nosotros en medio del camino que nos dicta nuestra obediencia.

En pocas palabras, la obediencia no siempre nos traerá gratificación inmediata, pero es el mayor ejemplo de lo que enseña el principio de la siembra y la cosecha. Cuando somos obedientes a Dios y las autoridades, cosecharemos paz, cumplimiento de nuestro propósito y mayores niveles de autoridad.

Así que nunca perdamos la capacidad de soñar, pero tampoco de obedecer las instrucciones de Dios para cumplir su sueño para nuestra vida, pues esta es la forma más acertada para vivir exitosamente.

67

> *Entonces el rey se entristeció; pero a causa del juramento, y de los que estaban con él a la mesa, mandó que se la diesen, y ordenó decapitar a Juan en la cárcel. Y fue traída su cabeza en un plato, y dada a la muchacha; y ella la presentó a su madre. Entonces llegaron sus discípulos, y tomaron el cuerpo y lo enterraron; y fueron y dieron las nuevas a Jesús. Oyéndolo Jesús, se apartó de allí en una barca a un lugar desierto y apartado; y cuando la gente lo oyó, le siguió a pie desde las ciudades. Y saliendo Jesús, vio una gran multitud, y tuvo compasión de ellos, y sanó a los que de ellos estaban enfermos.*
> **(Mateo 14:9-14)**

Compasión Pt1

Lo que acabamos de leer es una historia con un comienzo triste y penoso, pero con un final asombroso y muy feliz para muchos. Tal vez nunca vivamos situaciones tan grotescas y dolorosas como esta, pero lo que debemos aprender es a tener la actitud correcta frente a ellas para no detener nuestro propósito.

Juan el bautista era el primo de Jesús, y la biblia describe una relación entre ambos estrecha, sin contar con lo que pudieron haber vivido en su niñez y adolescencia. Por tanto, la noticia de la trágica y cruel muerte de su primo debió haber sido, sin duda, un mazazo emocional para Jesús.

Su reacción fue la misma que tendríamos cualquiera de nosotros. Buscar un lugar tranquilo, donde no seamos molestados por nadie, para asimilar el dolor, o tal vez meditar en la posibilidad de dejarlo todo por causa de la tristeza de haber perdido un ser querido. Lo cierto es que el texto no describe la motivación de Jesús para irse a un lugar apartado él solo, pero está claro que el duelo por su primo debía tener algo que ver.

Pero acto seguido Jesús nos da una lección de carácter firme y conocimiento de su identidad y propósito cuando se sobrepone a su dolor para suplir las necesidades de aquellos que le siguieron, aún en un momento tan complicado para él como ese.

Sin embargo, nosotros a veces nos reservamos el derecho de servir a Dios, de asistir a la iglesia, o de congregarnos, por causa de las malas noticias o acontecimientos tristes que suceden a nuestro alrededor. Pero Jesús nos enseña que la compasión nos ayuda a superar los reveses de la vida, y es una característica de una vida con propósito.

68

Y ya la barca estaba en medio del mar, azotada por las olas; porque el viento era contrario. Mas a la cuarta vigilia de la noche, Jesús vino a ellos andando sobre el mar. Y los discípulos, viéndole andar sobre el mar, se turbaron, diciendo: ¡Un fantasma! Y dieron voces de miedo. Pero en seguida Jesús les habló, diciendo: ¡Tened ánimo; yo soy, no temáis!
(Mateo 14:24-27)

Las pruebas de la obediencia Pt2

Varios de los discípulos de Jesús habían sido, y eran, pescadores expertos, profesionales con experiencia y conocimiento de las aguas y la climatología de Israel. Por tanto, cuando Jesús les mandó a cruzar el mar aquella noche, seguramente ellos ya preveían cómo estaría el viento y el oleaje consiguiente, sin embargo, hicieron caso de su maestro y se enfrentaron a aquello.

Lo cierto es que cuando tenemos cierto conocimiento sobre algo somos muy propensos a cerrar nuestra mente para ver más allá de lo que ya sabemos, y más bien buscamos la manera de demostrarlo en lugar de abrirnos a aprender o aplicar nuestra fe en esa área.

Sin embargo, los discípulos manifestaron una fe y obediencia tremendas, las cuales los llevaron a una situación difícil, contraria, y llena de obstáculos, los cuales seguramente conocían de antemano por causa de su experiencia en ese campo.

Así mismo nos sucede a los discípulos de Cristo hoy en día. Hay ocasiones en las que Dios nos manda que hagamos algo, como por ejemplo defender su diseño original para las familias, o guardar sus enseñanzas, o predicar su palabra, o vivir en santidad, y por causa de nuestra obediencia, en medio del problema o el proceso, vendrán vientos contrarios, la corriente de este mundo nos azotará de frente, y las olas de pecado y perversión se levantarán en nuestra contra.

Pero al igual que con sus discípulos en medio del mar, Jesús no está ausente, sino que se manifestará a nuestras vidas en medio de las dificultades para fortalecer nuestra fe y darnos su paz.

Nuestra fe y obediencia a Dios no nos garantiza la ausencia de obstáculos, críticas, enemistades o persecuciones, pero sí el cuidado y guía de Jesús en medio de las tormentas que se nos presenten. En esta vida enfrentaremos tormentas, pero podemos elegir estar en la barca con Jesús, remando contra la corriente de este mundo, o remar solos contra las dificultades y vientos que destruirán nuestra vida y propósito.

69

Él les dijo: Y vosotros, ¿quién decís que soy yo? Respondiendo Simón Pedro, dijo: Tú eres el Cristo, el Hijo del Dios viviente. Entonces le respondió Jesús: Bienaventurado eres, Simón, hijo de Jonás, porque no te lo reveló carne ni sangre, sino mi Padre que está en los cielos. Y yo también te digo, que tú eres Pedro, y sobre esta roca edificaré mi iglesia; y las puertas del Hades no prevalecerán contra ella. Y a ti te daré las llaves del reino de los cielos; y todo lo que atares en la tierra será atado en los cielos; y todo lo que desatares en la tierra será desatado en los cielos.
(Mateo 16:15-19)

¿Quién es Jesús?

Jesús, al igual que nosotros, desempeñaba diferentes roles como hijo, hermano, mentor, maestro, amigo, etc. Pero su identidad, al igual que la nuestra, iba más allá de eso, y tenía que ver con el propósito por el cual fue enviado por Dios el padre a la tierra.

Su identidad era la de *"El hijo del Dios viviente"*, y su propósito, *"El Cristo"*, el ungido para salvar al mundo.

Cuando esta verdad le fue revelada a Pedro, no sólo fue mera información, sino que activó su destino profético, le dio propósito eterno, y afirmó su identidad. Así mismo, cuando leemos o escuchamos sobre Jesús, necesitamos que esa información se revele a nuestro espíritu, como si Jesús mismo nos preguntara: *"Ahora que has escuchado acerca de mí, ¿Quién soy para ti?"*.

La biblia nos enseña sobre "Una nueva vida en Cristo", pero ésta no es posible si sólo conocemos un Jesús histórico, o como algunas religiones lo califican, un profeta más. Para vivir exitosamente nuestra nueva vida, como nuevas criaturas, es necesario que vivamos una revelación continua y fresca del Cristo resucitado, el hijo de Dios que fue, a la vez, cordero y sacerdote.

Al igual que Pedro, si Jesús es revelado a tu espíritu por el Padre celestial, y lo confiesas con tu boca, recibirás los fundamentos de una vida exitosa:

- **Identidad:** *"Y yo también te digo, que tú eres Pedro"*
- **Propósito:** *"y sobre esta roca edificaré mi iglesia"*
- **Promesas y recursos:** *"y las puertas del Hades no prevalecerán contra ella. Y a ti te daré las llaves del reino de los cielos;"*
- **Autoridad espiritual:** *"y todo lo que atares en la tierra será atado en los cielos; y todo lo que desatares en la tierra será desatado en los cielos."*

70

> *Salió Israel con todo lo que tenía, y vino a Beerseba, y ofreció sacrificios al Dios de su padre Isaac. Y habló Dios a Israel en visiones de noche, y dijo: Jacob, Jacob. Y él respondió: Heme aquí. Y dijo: Yo soy Dios, el Dios de tu padre; no temas de descender a Egipto, porque allí yo haré de ti una gran nación. Yo descenderé contigo a Egipto, y yo también te haré volver; y la mano de José cerrará tus ojos.*
> **(Génesis 46:1-4)**

Los planes de Dios

La historia de Jacob, posteriormente llamado por Dios Israel, es, en muchas facetas, difícil de comprender, en otras, triste, pero en su fase final, victoriosa y feliz.

Jacob era bendecido por Dios económicamente, pero aún era tratado como forastero por los habitantes naturales de la tierra donde vivía. Su hija había sido violada por uno de ellos, y dos de sus hijos se vengaron por aquello, generándole más problemas y tristeza.

No sólo eso, sino que, a su hijo amado, José, le tienen envidia y odio el resto de sus hermanos, y cuando lo envía a ellos en una ocasión, lo tratan de matar y finalmente le venden como esclavo, para luego mentir a su padre diciéndole que lo había matado una fiera.

Desde ese momento la biblia describe detalladamente el proceso por el que tuvo que pasar José, el hijo de Jacob, traicionado por su familia, pero cierto es que, aunque el suyo era un proceso difícil, el de su padre Jacob no lo había sido menos hasta ese momento.

El único consuelo para Jacob era el desconocimiento de los acontecimientos, y de cómo sus propios hijos eran tan envidiosos y perversos que trataron de matar a su hermano para terminar vendiéndolo. Sin embargo, Dios nunca falla a sus promesas, y a pesar de las dificultades y la falta de esperanza para Jacob y José, estaba obrando en ambas vidas de manera que su promesa de convertir a Israel en una nación fuerte se cumpliera. Por eso permitió que José fuera llevado a Egipto, donde prepararía el camino para su familia.

Pero hay un aspecto crucial en todo ello. En medio de la aflicción, los hombres de Dios debemos adorar a Dios y levantar sacrificio, como hizo Jacob, lo cual bíblicamente siempre trae una respuesta por su parte. Jacob iba triste por temor a perderlo todo en Egipto por causa de Faraón, pero en cambio recuperó a su hijo José, y fue bendecido por Dios en medio de una situación difícil para la nación. ¡Dios está obrando!

71

Cuando llegó la noche, el señor de la viña dijo a su mayordomo: Llama a los obreros y págales el jornal, comenzando desde los postreros hasta los primeros. Y al venir los que habían ido cerca de la hora undécima, recibieron cada uno un denario. Al venir también los primeros, pensaron que habían de recibir más; pero también ellos recibieron cada uno un denario. Y al recibirlo, murmuraban contra el padre de familia, diciendo: Estos postreros han trabajado una sola hora, y los has hecho iguales a nosotros, que hemos soportado la carga y el calor del día. Él, respondiendo, dijo a uno de ellos: Amigo, no te hago agravio; ¿no conviniste conmigo en un denario? Toma lo que es tuyo, y vete; pero quiero dar a este postrero, como a ti. ¿No me es lícito hacer lo que quiero con lo mío? ¿O tienes tú envidia, porque yo soy bueno? Así, los primeros serán postreros, y los postreros, primeros; porque muchos son llamados, mas pocos escogidos.

(Mateo 20:8-16)

Envidia

A los ojos de Dios todos somos igual de valiosos, especiales y objeto de amor sin límites. Esto quiere decir que, en efecto, todos tenemos un valor que es dado por aquel que nos creó, y cuando entendemos esta verdad, seremos libres del anzuelo de la envidia.

En esta parábola podemos comparar el denario con varias cosas, pero yo lo compararía sobre todo con el regalo de la vida eterna. Aunque no podemos hacer nada para ganarla, es decir, no por trabajar más o menos seremos salvos o no, lo que sí es cierto es que Dios nos ofrece a todos un único regalo, el máximo al que podemos aspirar, que es la salvación, y quienes rinden su vida a Cristo desde temprana edad y le sirven por mucho tiempo, con más o menos sacrificio, tendrán el mismo preciado regalo que quienes le conocieron en las posteridades de sus vidas.

Jesús revela la condición del corazón de aquellos que por estar en el ministerio o llevar años como cristianos, creen merecer algo más, es decir, desprecian el regalo de la salvación, y por envidia, esperan cosas como reconocimiento humano, posiciones, fama, etc.

Recuerda que el "premio" es el mismo (un denario), además es **lo justo**, pues es lo prometido por Dios, pero, sobre todo, para todos es **suficiente e inmerecido**.

72

> *Y entró Jesús en el templo de Dios, y echó fuera a todos los que vendían y compraban en el templo, y volcó las mesas de los cambistas, y las sillas de los que vendían palomas; y les dijo: Escrito está: Mi casa, casa de oración será llamada; mas vosotros la habéis hecho cueva de ladrones.*
> **(Mateo 21:12-13)**

El templo

Las escrituras dejan claro que para Jesús el templo significaba algo muy diferente que, para los religiosos, e incluso el pueblo, de la época. Tristemente, al igual que ellos, nosotros seguimos cayendo en la trampa de dar más importancia a los ritos y tradiciones, que a lo que realmente importa, lo que le importa a Dios.

Los lugares santos no lo son por sí mismos, sino por el Dios que los visita, los llena, o habita en ellos. Por ejemplo, cuando Dios llamó a Moisés desde una zarza ardiendo, le dijo que ese lugar inhóspito era un lugar santo, porque Dios se estaba revelando al hombre desde ese lugar, y eso es lo que lo santificaba. Igualmente, el templo de Salomón fue único en cuanto a su construcción, pero fue realmente extraordinario cuando la nube de gloria lo llenó, tanto, que no pudieron ministrar los sacerdotes.

Jesús mismo nos reveló esta verdad cuando pasó por el templo, y cuando le preguntaron su opinión sobre tan grande obra, él les reveló que el tiempo del templo de piedra había pasado, y que ahora él era el templo de Dios, el cual sería destruido y levantado de nuevo en tres días (refiriéndose a su resurrección al tercer día).

Desde ese momento, el templo del Espíritu Santo, el representante actual de Dios en la tierra, somos nosotros los creyentes, y cuando Jesús entra en él, es decir, en el corazón de la persona, lo primero que hace es deshacer el "orden" que hemos ido poniendo en nuestra forma de vivir fuera de su gobierno. Es por eso por lo que cuando dejamos que Jesús entre en nuestro corazón (El templo), viene una convicción de pecado que nos lleva a destruir actitudes, pensamientos, y actividades que no honran a Dios

Pero, además, una vida exitosa y con propósito para el creyente es aquella que responde a la demanda de comenzar una vida de oración, pues esa es ahora la asignación para la cual ha sido "edificado" el templo. Quiere decir que uno de los principales ministerios o propósitos del creyente en la tierra es usar su templo para que sea "casa de oración" ¡Es tiempo de orar!

73

Si puse en el oro mi esperanza, Y dije al oro: Mi confianza eres tú; Si me alegré de que mis riquezas se multiplicasen, Y de que mi mano hallase mucho; Si he mirado al sol cuando resplandecía, O a la luna cuando iba hermosa, Y mi corazón se engañó en secreto, Y mi boca besó mi mano; Esto también sería maldad juzgada; Porque habría negado al Dios soberano.
(Job 31:24-28)

La soberanía de Dios

El éxito tiene sus peligros cuando permitimos que nos desvíe del gobierno de Dios, haciéndonos olvidar de una de sus cualidades fundamentales: Su soberanía.

La soberanía de Dios es única, y quiere decir que él puede hacer lo que quiere, cuando quiere, como quiere, con quien quiere, y cuantas veces quiere. En otras palabras, Dios es todopoderoso, omnipresente, omnisciente, y, en definitiva, no necesita de nada ni a nadie para hacer su voluntad. Así mismo, todo lo que Dios creó sí que lo necesita a Él para su existencia, es decir, depende de Dios y de su voluntad.

El problema es que el ser humano, por causa del pecado, y de su capacidad de razonar e inventar (no crear), se ha desviado repetidamente a lo largo de su historia de esa voluntad de Dios, olvidando muchas veces que Él es soberano, y que dependemos de Él.

Por todo esto el escritor del texto del encabezado describe las posibles situaciones en las que, por causa de nuestro éxito momentáneo, esporádico, y permitido por Dios, nos olvidamos de que finalmente Dios tiene el poder y la autoridad para hacer que cualquier situación cambie, y de que todo lo bueno que nos sucede, es producto de su soberanía que lo ha hecho posible.

Vivir exitosamente es posible cuando evitamos poner nuestra confianza y esperanza en "el oro", es decir, todo lo que consideramos valioso. Igualmente sucede cuando nuestra alegría no depende de que cada vez tengamos más dinero o posesiones, ni nos creamos autosuficientes. Si esto sucede, estaremos engañados, creyendo que ya no necesitamos de nuestro creador y diseñador, y finalmente nos sería contado como maldad, la cual, en definitiva, terminará siendo juzgada.

Piensa en todo lo que tienes, y con ello en mente no niegues que es gracias a Dios, que te ha dado la capacidad, dones y habilidades para obtenerlo. No pongas nunca tu confianza en tus posesiones o capacidad, sino en Dios, su bondad y paternidad.

74

> *Por eso yo también responderé mi parte; También yo declararé mi juicio. Porque lleno estoy de palabras, Y me apremia el espíritu dentro de mí. De cierto mi corazón está como el vino que no tiene respiradero, Y se rompe como odres nuevos. Hablaré, pues, y respiraré; Abriré mis labios, y responderé.*
> **(Job 32:17-20)**

Boca llena

Qué cierto es que estamos continuamente "llenos de palabras", sobre todo cuando se trata de juzgar al prójimo. No es menos cierto que nos cuesta retenernos a la hora aportar una opinión más a las conversaciones en contra de alguien, y parece que nuestros juicios nos asfixian dentro de nosotros. Debemos cuidarnos de esto, porque es un mal que afecta a toda persona, y nos llevará solamente al fracaso moral.

Como seres sociales, la comunicación e interacción con otros debería ser un área en la que enfocarnos para crecer y madurar, sin embargo, es el área donde más fácilmente fracasamos porque la descuidamos, o no le damos la importancia que tiene.

Para Dios es importante cómo nos dirigimos a los demás, pues, al fin y al cabo, toda persona es creación suya, y lleva en sí misma un aspecto de su imagen y semejanza. Pero, sobre todo, para Dios es importante nuestras actitudes y palabras hacia los demás, pues es una manifestación de la condición de nuestro corazón. De modo que cuando tenemos actitudes correctas hacia los demás reflejamos la naturaleza de Dios en nosotros, pues Él, a pesar de tener la potestad para juzgar a todos, ha decidido mostrarnos su misericordia a través de su amor.

Jesús mismo pasó un juicio injusto que le llevó a la cruz, y cuando tuvo oportunidad de citar todas las profecías del Antiguo Testamento que comprobaban su identidad como el hijo de Dios y Mesías, supo retener sus palabras y no buscó defenderse delante de los hombres, pues sabía que, tras su muerte, su resurrección sería la mayor justificación.

Por esto es necesario que trabajemos en madurar nuestro carácter al punto que podamos ser imitadores de Jesús, y cuando tengamos oportunidad de juzgar a otros, o defendernos de acusaciones injustas, o entrar en debates y pleitos, no lo hagamos, sino tomemos dominio propio de lo que decimos o callamos.

No permitas que tu espíritu te apremie, ni tu afán por defenderte te asfixie y te haga explotar con palabras hirientes.

75

Y él estaba en la popa, durmiendo sobre un cabezal; y le despertaron, y le dijeron: Maestro, ¿no tienes cuidado que perecemos?
(Marcos 4:38)

Prioridades

Para vivir exitosamente debemos hacer lo que requiere cada situación, basándonos en los principios que hayamos aprendido. Eso es lo que conocemos como sabiduría. Bien, pues en Jesús vemos una sabiduría más allá de lo común, pero sobre todo una enseñanza magistral sobre cómo aplicarla.

En nuestro día a día tendremos que afrontar situaciones en el ámbito espiritual y otras en el plano natural, para cada uno necesitamos la sabiduría para, primero reconocer en qué ámbito estamos lidiando, y segundo, cómo hacerlo.

Por ejemplo, en el área de las finanzas debemos operar en dos direcciones. En el ámbito espiritual tenemos que activar las leyes financieras del reino, es decir, diezmar, ofrendar y dar nuestras primicias. Además de romper con cualquier maldición que opere en esa área. Por otro lado, debemos operar en el plano natural siendo buenos mayordomos o administradores, es decir, no gastar más de lo que ganamos, y saber invertir una parte del dinero, o como mínimo, ahorrar.

Ahora bien, recuerda que éxito no se consigue, sino que se vive, es decir, no se sustenta por lo exterior que podamos alcanzar, sino que fluye de dentro hacia fuera. Esto quiere decir que primero debemos lidiar con el ámbito espiritual, y desde ahí operar en el natural.

Esta fue la mayor enseñanza de Jesús, aplicándola en dos situaciones límite. La noche antes de su crucifixión, en el Getsemaní les dice a sus discípulos que es el momento de velar, no dormir y orar. Les estaba enseñando cómo adquirir la fortaleza espiritual que necesitarían después de que asesinaran a su líder. Sin embargo, como leemos en el texto del encabezado, en la barca se duerme en medio de una tormenta natural. ¿Cómo es posible? Simplemente nos estaba enseñando qué prioridades debemos tener.

Cuando hay problemas naturales no hay que afanarse, sólo confiar y permanecer en la barca con Jesús. Él puede calmar cualquier tormenta natural. Pero para ser exitosos de manera integral, de modo que fluyamos de dentro hacia fuera, debemos pelear primeramente la batalla espiritual, manteniéndonos alerta, vigilantes y en victoria a través de la oración.

76

> *Y salió Jesús y vio una gran multitud, y tuvo compasión de ellos, porque eran como ovejas que no tenían pastor; y comenzó a enseñarles muchas cosas.*
> **(Marcos 6:34)**

Compasión Pt2

El mundo en el que vivimos está claramente gobernado o influenciado por las tinieblas, es decir, el pecado, la corrupción, la maldad, etc. Todo esto es el producto de la separación del hombre de su creador.

Jesús describió esta situación de manera muy acertada como los efectos de la obra del diablo en la sociedad, la cual se resume en **robar, matar y destruir.** Efectivamente vemos como ha conseguido robarle al hombre su paz, por lo que cada día hay más casos de stress, depresión, ansiedad, etc. También ha conseguido destruir instituciones fundamentales como el matrimonio y la familia, sin las cuales no existe un orden divino y la sociedad se corrompe. Y, por último, la muerte es, tristemente, cada vez más normal, e incluso viral, y ya no nos asombramos tanto al ver algún homicidio, asesinato doméstico, masacres, etc.

La solución a todo esto está muy clara, y Jesús también la describió con precisión cuando dijo: "…*pero yo he venido para que tengáis vida, y para que la tengáis en abundancia.*" Así que el antídoto para las obras del enemigo es la vida abundante que encontramos en Jesús, pero la única manera de que esta vida alcance a quienes la necesitan, es enseñándoles la verdad.

Tenemos la responsabilidad de compartir con quienes aún no han conocido a Cristo, el mensaje de salvación y vida eterna que un día transformó nuestra vida. Por esto mismo enseña la biblia que perecemos por falta de conocimiento. ¿Cómo van a ser salvos quienes no conocen a Dios, si no les predicamos?

La compasión de Jesús por el pueblo le llevó a sacarlos de la ignorancia, pues "comenzó a enseñarles muchas cosas". A veces es un acto mayor de misericordia el enseñar a alguien cómo fluir en el poder de Dios, que simplemente orar por él o manifestar una obra divina, porque las vidas son transformadas por las enseñanzas que las hacen crecer en conocimiento y sabiduría.

En esto consiste la compasión que Jesús nos enseña en el texto del encabezado, en salir a este mundo perdido, oscuro, en tinieblas, muerte y destrucción, y darse cuenta de cómo se destruyen las familias y las vidas, para tener esa misma compasión y enseñarles el camino, la verdad y la vida, es decir, a Jesús.

77

> *Y los apóstoles que estaban en Jerusalén, habiendo oído que Samaria había recibido la palabra de Dios, les enviaron a Pedro y a Juan: Los cuales venidos, oraron por ellos, para que recibiesen el Espíritu Santo; (Porque aún no había descendido sobre ninguno de ellos, mas solamente eran bautizados en el nombre de Jesús.) Entonces les impusieron las manos, y recibieron el Espíritu Santo.*
> **(Hechos 8:14-17)**

Bautismo en el Espíritu Santo

Que tremenda revelación encontramos en estos versos acerca de la importancia y prioridad que ocupa para el creyente del Nuevo Testamento el Espíritu Santo.

La iglesia primitiva fue fundamentada bajo principios inmutables que afectaron a la sociedad de su época.

Primero vemos cómo el pueblo de Samaria había RECIBIDO la palabra. Es decir, como es obvio, primero escuchamos el evangelio a través de alguien que nos lo comparte. Luego está la parte que nos corresponde, la cual es CREER, o como dice este texto, recibirla.

Acto seguido los creyentes que recibieron la palabra se bautizaron en el nombre de Jesús. ¡Gloria a Dios! Por supuesto que el bautismo en agua es importantísimo, pues es la forma que tenemos de expresar públicamente nuestra decisión de seguir y servir a Cristo, simbolizando que morimos a nuestro viejo hombre al sumergirnos, y resucitamos con Cristo, hechos nueva criatura, al levantarnos del agua.

Hasta aquí todo perfecto y necesario, pero como el pueblo del nuevo pacto, cuerpo de Cristo, y parte de su iglesia en la tierra, falta lo más importante: ***el bautismo en el espíritu santo***.

El bautismo en el Espíritu es fundamental por tres motivos principales:

- *Es el sello que nos diferencia del mundo y nos confirma que somos hijos de Dios.*

- *Es el representante de Dios en la tierra, y quien nos conecta con la eternidad.*

- *Es el aceite que mantiene encendida nuestra lámpara para ser la luz del mundo y nos califica para la segunda venida de Cristo.*

Por todo esto, aunque los creyentes del siglo I habían recibido la palabra y se habían bautizado en agua, los apóstoles se apresuraron a ir a orar por ellos para que el Espíritu Santo descendiera sobre ellos, pues sin Él, sus dones, y sus manifestaciones, no podremos cumplir nuestra asignación como hijos de Dios.

78

Después llegó a Derbe, y a Listra: y he aquí, estaba allí un discípulo llamado Timoteo, hijo de una mujer judía fiel, mas de padre griego. De éste daban buen testimonio los hermanos que estaban en Listra y en Iconio. Este quiso Pablo que fuese con él; y tomándole, le circuncidó por causa de los judíos que estaban en aquellos lugares; porque todos sabían que su padre era Griego.
(Hechos 16:1-3)

El testimonio del discípulo

Lo que le pasó a Timoteo es un ejemplo muy claro de las veces que tendremos que hacer cosas, o dejar de hacerlas, que, a pesar de no ser pecado, o no ser exigibles a otros, aun así, debemos hacerlas por causa de la inmadurez de otros, o de sus mentalidades, o de su falta de conocimiento, de modo que cuando actuamos así estamos cuidando al menos sabio y más nuevo en la fe, evitando contiendas y cuestionamientos, para ayudarles a creer.

Es decir, Timoteo tuvo que ser circuncidado para que los judíos a quienes les iba a predicar le recibieran y fueran salvos. Ni él ni ningún gentil (no judío) tenía necesidad de circuncisión, esa cuestión ya había sido solucionada hacía un tiempo por los apóstoles, pero lo hizo por amor hacia quienes iban a recibir la palabra.

Lo que este texto enseña es que como discípulos o como líder a veces te puedes preguntar: ¿Y yo por qué tengo que hacer esto o lo otro? ¿Y yo por qué no puedo ir aquí o allá? ¿Y yo por qué tengo que cuidar mi testimonio y actuar de cierta manera por culpa de otros que vienen a la iglesia o que no vienen, pero saben que soy cristiano y discípulo en mi iglesia?

Pues aquí está la respuesta. El ser discípulo implica ser un instrumento en manos de Dios, y exige unos sacrificios que a otros no, y en cierta forma, nuestra vida va a estar a veces limitada por causa de otros, para cuidar su fe a través de nuestro testimonio.

Por último, a pesar de que Timoteo ya era discípulo, su liderazgo y ministerio se activaron en el momento que accedió a ser circuncidado, es decir, accedió a sacrificarse, por causa del pueblo que iba a recibir el evangelio a través de su predicación.

Esta es la gran diferencia entre los que son grandemente usados por Dios, y los que no afectan a nadie en sus vidas, sino que esconden su fe y se la quedan para ellos solos: ***la disposición al sacrificio.*** Y tú, ¿estás dispuesto a afectar a tu generación y ser un discípulo con testimonio?

79

> *Dijo entonces Jesús a los judíos que habían creído en él: Si vosotros permaneciereis en mi palabra, seréis verdaderamente mis discípulos; y conoceréis la verdad, y la verdad os hará libres.*
> **(Juan 8:31-32)**

Libertad verdadera

Una vida exitosa es una vida en libertad. El problema radica en conseguir la libertad verdadera, la que viene solamente cuando conocemos la verdad. Pero la verdad no puede ser subjetiva, no depende de interpretaciones, ni está sujeta al cambio. La verdad es, en definitiva, una persona: Jesús. Ahora bien, ¿cuál es el proceso que nos lleva a la libertad verdadera? Y ¿en qué consiste esa libertad? Bueno, ahora ya tenemos claro que la libertad es nuestro objetivo, que el medio para conseguirla es la verdad, y que la verdad es Jesús. Pero para llegar hasta allí debemos pasar las siguientes fases:

1. **Creer:** *"…que habían creído en él…"* No podremos vivir en libertad de espíritu si no activamos nuestra fe en Jesús, pues es Él quien nos otorga la libertad.

2. **Permanecer en la palabra:** *"Si vosotros permaneciereis en mi palabra…"* Las enseñanzas de

Jesús y de la biblia en general no son mera cultura, historia o mitología. Son una guía de vida para aplicar los principios que enseña. Cuando lo hacemos, abrimos las puertas a una vida exitosa.

3. **Ser verdaderamente discípulos:** *"…seréis verdaderamente mis discípulos…"* Jesús tuvo trato con muchos tipos de personas, pero reveló sus secretos y entrenó más íntimamente sólo a sus discípulos. Nuestra relación con él en la actualidad sigue siendo la de ser sus discípulos, es decir, pasar tiempo con él para aprender de sus enseñanzas y ser imitadores suyos a la vez que Él transforma nuestro carácter y activa nuestro propósito.

4. **Conocer la verdad:** *"Y conoceréis la verdad…"* Cuando la biblia habla de "conocer" se refiere a tener una relación íntima y cercana, de modo que nos volvamos uno con ello. Por eso, la forma de conocer la verdad es tener una relación íntima con Jesús, una relación tan cercana que terminemos siendo como Él, manifestando su carácter y viviendo según sus enseñanzas. ¡Conocer la verdad es conocer a Jesús de manera íntima!

Este proceso nos lleva a ser libres, o sea, vivir de forma plena según nuestro diseño original y propósito.

80

> *Estas cosas os he hablado para que en mí tengáis paz. En el mundo tendréis aflicción; pero confiad, yo he vencido el mundo.*
> **(Juan 16:33)**

Paz en medio de la aflicción

Tener paz en estos tiempos es todo un reto y un tesoro. A diario nos encontramos con situaciones difíciles que nos afectan de forma directa, o a quienes están a nuestro alrededor. Situaciones como crisis económicas, enfrentamientos entre familiares, divorcios, empleos con contratos y salarios injustos, horarios de trabajo muy extensos, y un largo etcétera.

Y esto sólo hablando de países del "primer mundo", pues millones de personas se enfrentan a diario a la muerte por desnutrición o deshidratación, guerras civiles, delincuencia común, genocidios, persecuciones por causa de su fe, atentados terroristas, etc.

Muchos se enfrentan a desastres naturales, tsunamis, terremotos, volcanes en erupción, tornados, etc. Y no podemos olvidar lo doloroso de enfrentarnos a la muerte o enfermedad de nuestros seres queridos.

Jesús tenía toda la razón al predecir que en este mundo tendremos aflicciones. De hecho, acabamos de enumerar tan sólo algunas de ellas, y la lista ya era lo bastante dura y desalentadora.

Así que pensar en todo esto, o más aún, pasar por alguna de estas situaciones, puede robarnos la paz con mucha facilidad, pero además corremos el peligro de pensar tanto en ello, aunque no lo hayamos vivido aún, que de todas formas el mero hecho de pensarlo termine por robarnos la paz y desalentarnos.

Por eso la clave para enfrentarnos a la posibilidad de vivir alguna, o varias, de estas situaciones, radica en el lugar en el cual nos posicionamos, donde nos refugiamos, y desde donde actuamos. Según Jesús, ese lugar seguro es ***"en Él"***, por esto dice: "…*para que en mí tengáis paz.*"

¿Por qué tendremos paz en Jesús? Porque Él ha vencido al mundo, que es el ámbito en el cual tienen lugar las aflicciones a las que se refiere, y en el que nosotros vivimos. Pero ¿Qué es lo que quiere decir realmente cuando nos promete su paz? No dice que nos librará de las aflicciones, pues son inevitables, sino más bien nos invita a apropiarnos de la victoria que él ya ha obtenido sobre ellas y el sistema del mundo. ¡Vivir exitosamente es caminar en la victoria de Jesús sobre el mundo y las aflicciones que vendrán a nuestra vida!

81

Jesús les respondió diciendo: Ha llegado la hora para que el Hijo del Hombre sea glorificado. De cierto, de cierto os digo, que si el grano de trigo no cae en la tierra y muere, queda solo; pero si muere, lleva mucho fruto.
(Juan 12:23-24)

Llevar fruto

Otra vez Jesús nos maravilla con una enseñanza tan simple y "obvia" como profunda. Fiel a su estilo, escoge las palabras y conceptos que quiere enseñarnos con mucha sabiduría, de modo que se convierten en un principio que funciona siempre y a cualquier persona.

A igual que en casi todas sus alegorías y parábolas, Jesús usa lenguaje agrícola, describiendo conceptos como "glorificado" "grano de trigo" "muere" "fruto"

•**Glorificado:** El término viene de la palabra "gloria" que en esencia significa la máxima madurez de algo, la máxima manifestación o revelación de la naturaleza y potencial de algo o alguien, llegar al punto más álgido y fructífero posible, cumplir el propósito para el que algo fue creado. En el caso de Jesús, su gloria sería al morir en la cruz del calvario por los pecados de la humanidad para reconciliarnos con Dios el padre.

- **Grano de trigo:** El grano es la semilla. Todos pasamos por el estado de ser semillas que tienen dentro el potencial para convertirse en árboles o plantas que dan fruto, es decir, ser glorificados. Pero para alcanzar ese estado, primero debemos, al igual que toda semilla, morir en esa etapa, para alcanzar la siguiente.
- **Muere:** Es el punto más crítico para toda persona. Hasta que no salimos de la zona de confort y seguridad, es decir, hasta que no morimos a nuestros deseos, voluntad, metas personales egoístas, o vida de pecado, no entraremos en el proceso para llegar a cumplir nuestro propósito y dar fruto. Es decir, sin muerte voluntaria, no hay glorificación, no hay cumplimiento de propósito ni hay éxito.
- **Fruto:** Nuestro fruto son nuestros resultados. Una vida exitosa consiste en llevar continuamente mucho fruto en las áreas del carácter, la familia, el ministerio, las finanzas, y demás áreas. Pero ningún resultado llega por casualidad, siempre hay un proceso previo de muerte, alimentarse de la fuente correcta, desarrollo de raíces, crecimiento, y fructificación.

Vivir exitosamente es ser glorificados llevando mucho fruto, pero primero debemos ser semillas que mueren.

82

> *Con todo eso, aun de los gobernantes, muchos creyeron en él; pero a causa de los fariseos no lo confesaban, para no ser expulsados de la sinagoga. Porque amaban más la gloria de los hombres que la gloria de Dios.*
> **(Juan 12:42-43)**

La gloria de los hombres

Este texto describe un problema existencial que afecta a cada persona: Ser fiel a sus convicciones a pesar de la oposición, o ser una marioneta de los pensamientos de los demás para sentirnos aceptados.

No sólo en el ámbito del cristianismo y nuestra fe en Jesús, sino en cualquier tipo de convicción moral, ética, cultural, o de cualquier índole, se requiere de lealtad, valentía e identidad firme.

¿Por qué identidad? Pues porque cuando uno sabe quién es, sobre todo los hijos de Dios, no tenemos la necesidad de ser aprobados o aceptados por otros, al punto de comprometer los principios que fundamentan nuestra fe, para recibir el reconocimiento de personas a quienes no les importamos tanto como a Dios.

Como ya hemos dicho, esta es una encrucijada moral a la que el ser humano se ha visto expuesto desde sus comienzos, pero en estos tiempos, el peligro de comprometer nuestras convicciones para no ser rechazados por la sociedad es mucho mayor, pues las mentalidades anti-Dios y anti-cristianismo ganan cada vez más fuerza política, económica y social.

Ahora bien, el éxito a la hora de no claudicar ante esta presión radica en la fortaleza de nuestras convicciones, es decir, en cuán fuerte es el fundamento que sustenta nuestra fe. En el texto del encabezado vemos personas con una posición política y social alta y reconocida, que fue su piedra de tropiezo para defender sus convicciones, pues amaban más sus posiciones y el status social que les proporcionaban, que su nueva posición como hijos de Dios y seguidores de Jesús.

Hoy en día tal vez no se trate de puestos de gobierno o posiciones eclesiásticas, pero como creyentes tenemos que estar dispuestos a renunciar a lo que representa "la gloria de los hombres" para poder experimentar la gloria de Dios. Tal vez tengas miedo de perder seguidores en tus redes sociales si publicas contenidos que defiendan tu fe, o tu grupo de amigos por o querer seguir una vida de pecado, pero si sabes quién eres en Cristo, ya no dependerás de la aprobación del hombre y experimentarás la gloria de Dios. ¡Defiende tu fe!

83

> *Da, pues, a tu siervo corazón entendido para juzgar a tu pueblo, y para discernir entre lo bueno y lo malo; porque ¿quién podrá gobernar este tu pueblo tan grande? Y agradó delante del Señor que Salomón pidiese esto.*
> **(1ª Reyes 3:9-10)**

Discernir lo bueno de lo malo

En alguna reflexión anterior hemos hablado sobre la importancia de la sabiduría para poder vivir una vida exitosa. Esto es así porque la sabiduría es la habilidad dada por Dios para saber aplicar el conocimiento que adquirimos en las áreas donde se requiere.

La biblia describe al rey Salomón como el hombre más sabio de su época. Esta sabiduría tenía un origen muy noble, y le reportó otros muchos resultados como riquezas, fama, paz en la tierra, etc. Así mismo, la vida de Salomón es una enseñanza sobre las consecuencias de confiar en nuestra sabiduría, incluso si es dada por Dios, y apartarnos de los valores y principios morales que le honran, pues terminó su vida en decadencia moral, apartándose de Dios, dañando su familia, y dejándoles un legado de contiendas e inmoralidad.

Ahora bien, Salomón reveló, a través de su petición a Dios, uno de los deseos más profundos del corazón humano, el cual radica en todas las personas: El deseo de discernir entre el bien y el mal. Lo curioso no es que tuviera ese deseo, sino la reacción de Dios al conocerlo, pues dice que le agradó. ¿Por qué digo que es curioso? Porque en el Edén, la orden de Dios para el hombre era que no comiese del árbol del conocimiento del bien y del mal, advirtiéndoles que, al hacerlo, morirían.

Por tanto, podemos ver una verdad que nos asegura una vida exitosa: Dios quiere que conozcamos la diferencia entre el bien y el mal. Es decir, a diferencia de la creencia de que quería mantener al hombre en ignorancia para poder manipularlo, lo cierto es que Dios quiere que tengamos discernimiento espiritual para distinguir lo que está bien de lo que no, pero ese discernimiento debe venir de Él, y no de nuestra percepción natural e imperfecta.

Precisamente, Dios quería evitar lo que sucedió cuando tomaron del fruto del árbol del conocimiento del bien y del mal, que "se abrieron sus ojos", es decir nuestro discernimiento de lo bueno o malo ya no estaría basado en la sabiduría divina sino en la subjetividad e imperfección natural humana. Por tanto, para vivir exitosamente necesitas poder distinguir lo bueno de lo malo, pero aplicando la sabiduría de Dios. ¡Pídela hoy!

84

> *Yo soy la vid verdadera, y mi Padre es el labrador. Todo pámpano que en mí no lleva fruto, lo quitará; y todo aquel que lleva fruto, lo limpiará, para que lleve más fruto.*
> **(Juan 15:1-2)**

No conformarse

Una vez más la biblia nos enseña sobre nuestra responsabilidad de ser fructíferos, o sea, exitosos. ¡Sí! El éxito es un resultado, o, en otras palabras, un fruto.

Ahora bien, todo fruto requiere del trabajo, cuidado y alimentación correctos para poder desarrollarse, y en esta alegoría, Jesús nos enseña exactamente cuál es la función de cada uno en nuestro proceso de madurez.

- **El labrador:** El labrador es quien se encarga del cuidado y trabajo para que haya crecimiento. Sabemos que Dios nos amó de tal forma que diseñó un plan para reconciliarnos con Él, y desde el momento en que formamos parte de su reino, nos cuida, protege y bendice. Para esto estableció a los 5 ministerios (Apóstol, maestro, evangelista, profeta y pastor), para perfeccionar (madurar) a los creyentes.

- **La vid verdadera:** La vid es el origen, la fuente que alimenta y nutre los pámpanos para que den fruto, quien los sustenta, el lugar desde donde nacen y al cual se aferran para seguir nutriéndose. Todo esto es lo que Jesús representa para el creyente. Precisamente por esto vemos muchas de las promesas de Dios para sus hijos que tienen lugar "en Cristo" "en Él" "en el amado" "en mí" etc.

- **Los pámpanos:** Los pámpanos somos nosotros. Es nuestra responsabilidad alimentarnos de la fuente correcta, es decir, de la vid verdadera que es Jesús, además de no desconectarnos de Él para no morir, y, por último, pero no menos importante, es nuestra responsabilidad llevar fruto, más fruto, mucho fruto.

- **Fruto:** Son nuestros resultados de madurez en el carácter, la relación con Dios, la familia y los demás, el ministerio, las finanzas, etc. En definitiva, nuestro nivel de éxito es nuestro fruto. Podemos tener éxito, más éxito y mucho éxito.

La clave está en no conformarse. Vivir exitosamente es, no solo llevar fruto en un primer nivel, sino seguir madurando al punto de pasar a un siguiente nivel en cualquier área. Cuando tenemos buenos resultados, Dios nos limpia, es decir, nos reta a seguir tomando de la vida de Jesús, para llevar más fruto, o sea, seguir madurando y fructificando. ¡Por eso no te conformes!

85

El corazón alegre hermosea el rostro; Mas por el dolor del corazón el espíritu se abate.
(Proverbios 15:13)

Lidiar con el dolor

El libro de los proverbios se conoce como el libro de la sabiduría, porque está lleno de enseñanzas y moralejas de aplicación práctica para todas las áreas de la vida. En este texto el autor describe la naturaleza tripartita del ser humano y la forma en que sus partes interactúan.

En otra reflexión ya establecimos que cada persona es un espíritu que tiene un alma y habita en un cuerpo. Eso es precisamente lo que revela este texto, además de la forma en que las tres se relacionan.

El autor usa el corazón, en referencia al alma, como la conexión entre nuestro cuerpo y espíritu, y enseña que lo que sucede en él, tiene repercusión en el espíritu y en el cuerpo.

Ahora bien ¿Por qué decimos que se refiere al alma? Pues porque el alma es el área donde residen y se gestionan las emociones y sentimientos, además de la voluntad y deseos. Por esto cuando el corazón, es decir, el alma, experimenta alegría, afecta positivamente al cuerpo (hermosea el rostro), y cuando hay dolor en el corazón, afecta negativamente al espíritu, es decir, lo abate. Igualmente, un corazón infeliz afea el rostro y un corazón libre de dolor levanta y anima el espíritu.

¿Por qué es importante saber todo esto? Porque nos ayuda a comprender la necesidad de lidiar con el dolor inevitable que nos causará el rechazo ajeno, las rupturas amorosas, las decepciones, los abusos, etc.

Cuando no lidiamos con el dolor en el corazón, corremos el peligro de que nuestro espíritu termine siendo abatido, lo cual significa que en lo más profundo de nuestro ser seremos incapaces de avanzar o tener ánimo, además de sufrir achaques físicos no deseados.

La mejor manera de trabajar con esto es cuidando de nuestros pensamientos, pues según la naturaleza de estos, será la naturaleza de nuestras emociones. Por ejemplo, si pensamos continuamente en una desgracia, dolor o abuso sufrido, la emoción que genera en nuestra alma es de tristeza, desengaño o frustración, mientras que si pensamos de continuo en lo bueno que tenemos o hemos experimentado, la emoción que tendrá nuestro corazón es de agradecimiento o alegría. Así que ya sabes, cada una de nuestras áreas cumple su función, y aprender a gestionarlas de la forma correcta es el camino para vivir exitosamente.

86

> *Entonces Pablo, puesto en pie en medio del Areópago, dijo: Varones atenienses, en todo observo que sois muy religiosos; porque pasando y mirando vuestros santuarios, hallé también un altar en el cual estaba esta inscripción: AL DIOS NO CONOCIDO. Al que vosotros adoráis, pues, sin conocerle, es a quien yo os anuncio.*
> **(Hechos 17:22-23)**

Todos necesitamos lo mismo

El apóstol Pablo fue una persona tan influyente como polémica en su época, y su ministerio destacó por su pasión y valentía para llevar el mensaje del reino a lo que se conocía como gentiles, es decir, no judíos. Durante uno de sus viajes por Grecia, se detuvo en Atenas por un tiempo y se dio cuenta de una realidad que aún en la actualidad existe: *Que todo el mundo necesita y busca un dios a quien adorar.*

Esta es una realidad tanto en las sociedades más avanzadas culturalmente, como lo eran los atenienses de la época de Pablo, como en la comunidad científica, los anti-sistema, ateos, e incluso agnósticos.

Lo cierto es que la idolatría es más que venerar estatuas o imágenes, sino que incluye todo lo que ponemos en el lugar de Dios, convirtiéndolo en "nuestro propio dios". Esto aplica a nuestros hijos, cónyuge, carrera profesional, dinero, fama, la ciencia, o incluso, nosotros mismos. De hecho, el humanismo es sólo una variable del deísmo, pues en esencia niega la existencia de otro dios, pero convierte al ser humano en figura divina y autosuficiente.

Quien afirma ser ateo, realmente quiere decir que no cree en el Dios de la biblia, pero no puede argumentar sobre los aspectos del universo que apuntan a la obra de un creador que existe fuera de las leyes físicas que gobiernan el universo, lo cual es la descripción de Dios. Quien afirma ser agnóstico tampoco niega la existencia de Dios, sólo argumenta la nula capacidad humana para poder comprenderlo o relacionarse con Él. Así mismo, una gran mayoría de mentes brillantes en la comunidad científica llegan a la conclusión de que el universo fue creado y es sostenido por un agente externo, mayor y más poderoso. ¡Ese es Dios!

Por tanto, sea que lo sepamos o no, todos necesitamos creer y relacionarnos con Dios, sin embargo, muchos lo llaman por otros nombres, o no le conocen, pero como decía el apóstol Pablo: "*...sin conocerle, es a quien yo os anuncio.*" Él es el que te llevará a vivir exitosamente.

87

> *sabiendo Jesús que el Padre le había dado todas las cosas en las manos, y que había salido de Dios, y a Dios iba, se levantó de la cena, y se quitó su manto, y tomando una toalla, se la ciñó. Luego puso agua en un lebrillo, y comenzó a lavar los pies de los discípulos, y a enjugarlos con la toalla con que estaba ceñido.*
> **(Juan 13:3-5)**

Actitud de servicio

Hoy trataremos una de las aptitudes más necesarias para vivir exitosamente: el corazón servicial. Jesús, a lo largo de toda su vida, fue el mayor ejemplo de siervo, es decir, una persona al servicio de otra u otras, y en esta ocasión quiso dejarnos una enseñanza simbólica de lo que significa servir a otros y desde qué posición debemos hacerlo.

No por casualidad la biblia describe lo que llevó a Jesús a tener este acto de servicio con sus discípulos, al explicar primeramente que sabía tres cosas, las mismas que necesitamos entender cada uno de nosotros para poder experimentar las bendiciones de una vida servicial:

1. **Que el padre le había dado todas las cosas en las manos:** Jesús es el hijo primogénito de Dios. A Él han sido entregadas todas las cosas y la máxima autoridad en el universo a causa de su sacrificio en la cruz por la humanidad. Pero antes de hacerse hombre, lo tenía todo, sin embargo, se despojó de ello para salvarnos. Tras su resurrección entregó toda la autoridad a sus discípulos en la tierra, y nos ha prometido que todo lo que pidamos al padre en su nombre, lo recibiremos, nos lo dará en las manos.

2. **Que había salido de Dios:** El mayor misterio de Dios es su santísima trinidad. Dios es, a la vez, Padre, Hijo y Espíritu Santo. Dios el padre es la fuente de todas las cosas, y es uno con el hijo, y nosotros los seres humanos, fuimos diseñados y creados en su mente, y puestos aquí para cumplir un propósito.

3. **Que iba a Dios:** Poco tiempo después de esa noche, Jesús fue entregado para ser crucificado, pero sabía que el padre le resucitaría y volvería a Él. Ahora gracias a su resurrección, nosotros tenemos la misma esperanza de volver a Dios.

Cuando entendemos estas tres verdades, sabemos que servir a otros no nos hará menores ni mayores que ellos, pero sí nos convierte en un mejor "yo". Por eso te invito a que te apropies de estas tres verdades, y adoptes una actitud de servicio que te lleve al éxito.

88

En el último y gran día de la fiesta, Jesús se puso en pie y alzó la voz, diciendo: Si alguno tiene sed, venga a mí y beba. El que cree en mí, como dice la Escritura, de su interior correrán ríos de agua viva. Esto dijo del Espíritu que habían de recibir los que creyesen en él; pues aún no había venido el Espíritu Santo, porque Jesús no había sido aún glorificado.
(Juan 7:37-39)

Ríos de agua viva

La vida debería ser una grandiosa celebración. Cada día es un regalo y debemos vivirlo como tal, pero para que la fiesta sea completa Jesús debe ser el invitado más importante, pues es el único que nos puede dar los recursos ilimitados para disfrutar de la vida plenamente, es decir, para vivir exitosamente.

No por casualidad Jesús escogió una fiesta, y de ésta, el último y gran día, para anunciar a todos los presentes su deseo y capacidad de saciar la sed de todos. Esta es una alegoría a la forma de vida de la mayoría de las personas, que viven creyendo que tienen el futuro comprado y pretenden disfrutar de la fiesta de la vida por medio de todos los placeres de este mundo y esperan al último día de la fiesta para acercarse a Jesús.

Jesús es tan sabio que espera a que los invitados hayan probado todo y disfrutado de los manjares dispuestos en la celebración, y cuando se dan cuenta de que todo eso sólo proporciona una satisfacción momentánea y efímera, les ofrece del agua de vida que hay en Él, la cual es la única capaz de saciar nuestra sed espiritual. Sin embargo, este acto era precursor de lo que nos ofrecería a través de su sacrificio en la cruz, tras el cual, tendríamos acceso a la llenura del Espíritu Santo sólo con creer en Él y recibirle en nuestro corazón.

En este texto encontramos la mayor promesa para los creyentes del Nuevo Testamento, la promesa de la llenura del Espíritu Santo, la cual nos permitirá vivir una vida plenamente satisfactoria y con propósito.

El resultado de creer en Jesús y recibir el Espíritu Santo es que de nuestro interior correrán ríos de agua viva, es decir, que viviremos plenos y satisfechos, sin necesidad de probar lo que el mundo ofrece, o estar esclavizados a cualquier adicción, o comprometer nuestra fe para encajar en la sociedad, o ser aceptados por otros. Pero, además, estaremos tan rebosantes de la vida de Dios, que ésta fluirá a través nuestra en forma de amor, perdón, misericordia, etc. Vivir exitosamente es vivir de forma que afectémos positivamente la vida de otros.

89

> *Enderezándose Jesús, y no viendo a nadie sino a la mujer, le dijo: Mujer, ¿dónde están los que te acusaban? ¿Ninguno te condenó? Ella dijo: Ninguno, Señor. Entonces Jesús le dijo: Ni yo te condeno; vete, y no peques más.*
> **(Juan 8:10-11)**

Acusaciones

En esta ocasión Jesús transformó la historia del pueblo judío, y de la humanidad, al hacerles entender que en la medida que acusamos a otros, es en la medida que seremos condenados, pues ninguno está libre de pecado. Al responder como lo hizo, Jesús nos dejó dos enseñanzas transformadoras. La primera es que, a la luz de la verdad, que es Jesús, todos somos igual de pecadores y cualquiera podría **acusarnos**, pero nadie puede **condenarnos**, pues se condenarían a sí mismos. Ahora bien, Jesús tiene la autoridad para condenarnos, pero no lo hace porque él ha venido a cumplir con la ley que nos condenaba, para justificarnos ante el juez.

La segunda enseñanza de Jesús en este episodio es que debemos ser cautelosos a la hora de acusar a otros, pues como dice la biblia, todos hemos pecado, es decir, todos hemos transgredido la ley de Dios y podemos ser acusados y condenados por ello, sin embargo, encontramos la justificación en Jesús.

La aplicación práctica de esta enseñanza es que debemos aprender a lidiar con las acusaciones en nuestra contra, porque las personas siempre van a justificar sus errores resaltando los nuestros, y rara vez perderán ocasión para recordarnos nuestros errores o caídas del pasado. Cuando esto suceda, tenemos que encontrar la paz en Cristo, quien nos justifica y no nos condena, por lo cual tampoco nosotros mismos debemos hacerlo. Es triste ver a personas que boicotean sus vidas condenándose de por vida por algún error del pasado, cuando tienen delante suyo a Jesús diciendo: *"Ni yo te condeno."* Así mismo, no podemos recordarle a los demás continuamente sus fallos o errores, pues todos nos equivocamos. Una vez que la persona ha reconocido su error, se acabaron las acusaciones, y mucho menos debemos condenarla.

Por último, aunque tenemos derecho a equivocarnos, Jesús nos recuerda que, aunque nos libra de la condena, no debemos pecar más. Es decir, no podemos cometer el mismo pecado o herir a los demás deliberadamente. Jesús no sólo nos libra de la condena por nuestros errores del pasado, sino de la esclavitud del pecado, de modo que no vivamos atados a él.

90

Si no hago las obras de mi Padre, no me creáis. Mas si las hago, aunque no me creáis a mí, creed a las obras, para que conozcáis y creáis que el Padre está en mí, y yo en el Padre.
(Juan 10:37-38)

Credibilidad

Muchos creen que las palabras se las lleva el viento, y en cierta medida es cierto. A pesar de que bíblicamente las palabras son semillas que traen resultados como resentimiento, ambientes tensos, odio, dolor, etc. O puertas abiertas con otras personas, favor y gracia ante los demás, paz, calma, etc. Lo cierto es que esta frase se refiere a la credibilidad de nuestras palabras, la cual sólo se gana cuando nuestros actos van acordes a ellas.

Jesús entendía y aplicaba este principio, por lo que retó a sus oyentes a comprobar la veracidad de sus palabras, a la luz de la verdad de las escrituras que revelaban a Dios el padre, y su identidad como su hijo. Fue condenado a muerte por los religiosos de su época, acusado de blasfemia al afirmar que era el hijo de Dios, a pesar de que siempre demostró con sus obras que lo que decía ser era verdad, pues con ellas manifestaba el reino de su padre en la tierra.

Nosotros como hijos de Dios tenemos la misma responsabilidad de demostrar con nuestra forma de pensar, hablar, actuar y vivir, que somos hijos de Dios, para que las personas puedan creer en Él, no sólo por nuestra predicación, sino con un testimonio de vidas transformadas. Es necesario que tengamos credibilidad a la hora de vivir en medio de un mundo gobernado por el pecado, para alcanzar al perdido demostrando el poder de Dios en y a través nuestro.

He escrito este libro como un manual práctico de vida, fundamentado en la enseñanza bíblica, para que experimentemos el éxito en cada área de nuestras vidas, y aunque las personas nos rechacen por ser cristianos, sean atraídos por nuestras obras. Es decir, para que al igual que Jesús, podamos decir: *"aunque no me creáis a mí, creed a las obras, para que conozcáis y creáis que el Padre está en mí, y yo en el Padre."*

El mundo, tus compañeros de trabajo, tu jefe, tus familiares, todos ellos necesitan tener la oportunidad de creer en Dios, y tú se la puedes dar mostrándoles que el Padre está en ti y tú en Él, a través de tus palabras y tus obras. Recuerda, eres creíble cuando vives exitosamente. ¡Hazlo desde ahora mismo!

Hoy, como tu último día de esta aventura, es el momento de que mires atrás y te des cuenta de que la palabra de Dios tiene el poder de transformarte, y tú, el poder de transformar tu mundo. ¡Gloria a Dios!

225